인생이
바뀌는
말습관

**사사키 케이이치 지음**

황선종 옮김

한국경제신문

# 말습관이 바뀌면
# 당신의 인생도 달라진다

"쓰레기 좀 버려줘."

가족에게 뭔가 부탁할 때 대부분은 이런 식으로 말한다. 그 결과는 어떻든가? 물론 그때그때 상대방의 기분에 따라 달랐겠지만, 선뜻 엉덩이를 드는 경우는 많지 않았을 것이다.

"나 피곤해. 손가락 하나 까딱하기 싫은데…."

"나중에 이 드라마만 보고. 곧 끝나."

너스레를 떨며 얼렁뚱땅 넘어가려고 하는 경우도 많

다. 그럴 때는 이렇게 말해보자.

"쓰레기 버릴래, 욕실 청소할래?"

이러면 십중팔구 둘 중 하나를 고르게 된다. 쓰레기를 내다 버리는 쪽이 더 손쉬우므로 아마도 이걸 택하는 사람이 많을 것이다.

하나 더 예를 들어보자. 내심 끌리던 사람에게 데이트를 신청할 때 보통은 이렇게 말한다.

"이번 주 토요일, 시간 좀 있어요?"

이렇게 묻고 나면, 어떤 대답이 돌아올지 전혀 알 수 없다. 상대도 당신에게 관심이 있다면 모를까, 그렇지 않다면 어떤 반응이 나올지 조마조마할 것이다. 그럼에도 대번에 "오케이!"라는 답변을 받은 사람이 있다. 과연 그는 어떻게 말했을까?

"어! 이 이탈리아 레스토랑 예약하기 힘든 곳인데, 금요일과 토요일에 자리가 비어 있네요. 둘 중 어떤 날 시간이 돼요?"

이런 말을 들으면 무심코 "음… 토요일엔 딱히 별일 없는데요"라고 둘 중 하나를 선택하게 된다. 이러면 데이트는 떼어놓은 당상이다.

모름지기 사람은 어떤 말로 전달받느냐에 따라 마음이 동하기도 하고 시큰둥해지기도 하는 법이다. 똑같은 것을 권하는 데도 말이다. 앞의 두 사례는 내가 직접 전해 들은 지인의 경험담이다. 특히 두 번째 사례의 지인은 그날 데이트에 성공해서 교제를 시작했고, 지금은 둘이 결혼해서 행복하게 살고 있다.

이 두 사례에서 말하는 사람의 의도대로 일이 풀린 데는 다 이유가 있다. 그들은 원래부터 말솜씨가 뛰어난 사람들이 아니었다. 단지 말을 전달하는 데에도 기술이 필요하다는 사실을 알고 있었을 뿐이다. "A와 B 중 어느 쪽이 좋아?"라고 물으면 사람들은 무심결에 둘 중 하나를 선택하게 된다. 어느 쪽을 고르든 상관이 없는 두 가지, 즉 A와 B를 준비해두는 것이 요령이다. 상대가 다른 생각을 할 틈이 없이 그중에서 선택하도록.

말에도 조리법이 있으며 그 조리법만 제대로 알면 누구나 말의 달인이 될 수 있다.

원래 말을 전달하는 기술이 형편없었던 나는 '말에도

조리법이 있다' 는 사실을 깨닫고 나서 인생이 180도 바뀌었다. 말을 전달하는 기술은 누구나 익힐 수 있다. 흔히 언어 감각이 뛰어나야 말을 잘 전달할 수 있다고 알고 있는데, 이는 사실이 아니다. 요리 조리법과 같이 전달력을 높여주는 말 조리법이 따로 있는 것이다.

평소 말 전달법 때문에 고민해온 사람들에게 도움이 되고자 몇 년 전 《전달의 기술》이라는 책을 내놓았다. 내가 18년에 걸쳐서 알아낸 '말 조리법'을 꼼꼼히 정리한 책이었는데, 기대했던 것보다 훨씬 많은 독자들에게 과분한 사랑을 받았다. 하지만 이것은 말 때문에 고민하는 사람이 그만큼 많다는 뜻이 아니었을까. 나 또한 말 전달법 때문에 마음고생을 많이 했기에 그 노하우를 주저 없이 공개했던 것이다.

## 이 책을 집필한 이유

첫 번째 책 《전달의 기술》을 통해 누구나 실행할 수 있는 말 전달법을 공개한 뒤, 250회가 넘는 강연과 방송 출연 제의를 받았다. 나는 매번 열심히 달려갔고 그곳에서 회사원, 주부, 학생들과 다양한 이야기를 나누었다.

"책에 적혀 있는 대로 했더니 데이트에 성공했습니다!"

특히 이런 말을 해주는 사람들이 많았다. 그 밖에도 다양한 경험담을 들었다.

"운동이라면 질색하시던 아버지께서 조깅을 시작하셨어요!"

"신발 가게를 하고 있는데, 매출이 눈에 띄게 향상되었습니다!"

"지금까지 퇴짜를 맞던 제조회사에 신상품 납품 계약을 하게 되었습니다!"

"반항기라 애를 먹이던 딸아이에게 유용하게 써먹고 있습니다!"

인생이 바뀌었다는 감동적인 이야기에 눈물이 핑 돈 적도 있고, "이렇게도 할 수 있구나!" 하고 무릎을 치면서 도리어 내가 새로운 기술을 배우기도 했다.

구체적으로 질문을 하는 경우도 꽤 있었다.

"이럴 때는 어떻게 말하면 좋을까요?"

"막상 말을 할 때는 까먹어요. 어떻게 하면 좋죠?"

이런 질문에는 전달법을 자기 것으로 만들 수 있는 요령을 상황에 맞춰 이야기해주었다.

이처럼 여러 사람에게 질문을 받고 방법을 대답해주는 일이 잦아지면서 '이런 기술을 좀더 완벽하게 익히고 싶어 하는 사람이 많지 않을까?' 하는 생각을 하게 되었다. 그리고 내가 접한 수많은 사례들을 고마운 독자들과 공유하고 싶어졌다. 그래서 다시 한 번 책을 쓰기로 마음먹었다.

이 책의 목적은 전달의 기술을 완벽하게 몸에 익혀 습관처럼 사용할 수 있게 하는 것이다.

독자들은 곤란한 상황을 역전시키고 극적으로 전환한 실제 사례를 읽으면서 가상 체험을 할 수 있을 것이다. 특히 이번에는 핵심 포인트를 따로 정리해 일상생활에도 쉽게 활용하도록 해두었다. 또한 《전달의 기술》을 읽지 않아도 충분히 이해할 수 있도록 구성해놓았다. 순서가 있는 것은 아니므로, 전작을 읽고 이 책을 읽어도, 이 책을 읽고 전작을 읽어도 무방하다. 주제는 같지만 중점을 둔 지점이 다르니 둘 다 읽으면 한층 더 이해하기 쉬울 것이다.

## '예스'를 끌어내는 7가지 방식과 8가지 기술

누군가에게 부탁을 할 때 '예스'를 얻어낼 수 있는 구체적인 방법이 있다. 다시 말해 '노'를 '예스'로 바꾸는 기술이다. 사람 사이의 일이니 '100% 성공'이라고 장담할 수는 없지만, '예스'의 가능성을 한결 높일 수 있다. 그 노하우로 7가지 방식을 소개한다.

'노'를 '예스'로 바꾸는 7가지 방식

① 상대가 좋아하는 것 파악하기

② 싫어하는 것을 피하도록 유도하기

③ 선택의 자유 주기

④ 인정받고 싶어 하는 욕망 채워주기

⑤ '당신만은'이라고 한정하기

⑥ 팀워크화하기

⑦ 감사하기


이뿐만이 아니다. 마음을 울리는 연설이나 영화 속 명대사와 같은 인상적인 표현을 만들어내는 기술도 있다. 이른바 '강한 말'을 만드는 기술로, 누구라도 즉각적으로 사용할 수 있다. 그 노하우로 8가지 기술을 소개한다.


'강한 말'을 만드는 8가지 기술

① 서프라이즈 말 넣기

② 갭 만들기

③ 적나라하게 표현하기

④ 반복하기

⑤ 클라이맥스 만들기

⑥ 숫자로 제시하기

⑦ 조합하기

⑧ 최고임을 내세우기

이 책의 목표는 당신이 '말 조리법'을 몸에 익혀 일상에서 그 전달의 기술을 활용할 수 있도록 하는 것이다.

### 기억에 새겨진다! '실천 사례'

전달법과 관련해서 가끔 놀랍고 신선한 이야기를 접하곤한다. 듣는 것만으로도 기분이 유쾌해지고 많은 것을 배울 수 있기에 이런 이야기를 무척 좋아한다. 그래서 독자들을 위해 처음에는 실패했지만 전달 방법을 바꿔 성공에 이른 사례를 모아놓았다. 실제로 있었던 일들이라 생생하고 이해하기도 쉬워 머릿속에 자연스럽게 남을 것이다. 역사를 무조건 달달 외우기는 어렵지만, 역사와 관련된 이야기를 들으면서 공부하면 재미있고 쉽게 기억되는 것과 같다.

### 읽는 것만으로도 연습이 된다! '아웃풋형 구성'

전달법을 몸에 익히기 위해서는 방법을 알고 실천해야 한다. 요리할 때를 생각해보자. 맛있는 볶음밥을 만들고 싶다면 먼저 방법을 배워야 한다. 그런 다음에는 몇 번이고 직접 만들어보면서 내게 맞는 맛을 찾아가면 된다. 그러면 나중에는 몸이 알아서 저절로 맛있는 볶음밥을 만들고 있을 것이다. 이 책은 쭉 읽어나가면서 자연스럽게 스스로 아웃풋도 할 수 있도록 구성했다. 즉 읽는 것만으로도 연습이 되고 습관화할 수 있다.

## 실제 강연을 체험할 수 있다! '실황중계'

실제로 자연스럽게 몸에 밴다는 호평을 받은 '전달의 기술' 강의 내용을 아낌없이 공개했다. 강연이나 발표회에서 소개한 내용 그대로를 이 책을 통해 체험할 수 있다. 〈실황중계 1〉에서는 '노'를 '예스'로 바꾸는 기술에 대한 강의를, 〈실황중계 2〉에서는 '강한 말'을 만드는 기술에 대한 강의를 풀어냈다. 이 밖에도 부록으로 말습관을 바꾸는 '핵심 전달법' 휴대판을 준비해놓았다. 모든 조리법을 명함 크기로 만들어 한눈에 볼 수 있게 정리해놓았기에 이것을 참조하면 언제, 어디서든 '말 조리법'을 활용할 수 있다.

# 최단 시간에 전달의 기술을 배우고 써먹는다

나는 카피라이터로서 날마다 말과 마주 앉아 씨름을 했다. 원래부터 말을 전달하는 기술이 서툴렀는데 하필이면 광고 문안을 만드는 부서에 배치되었던 것이다. 하루에 400~500개의 문안을 썼지만 모조리 쓰레기통으로 들어갔다. 심지어 "그렇게 못 쓰는 것도 재주라면 재주겠지"라는 비아냥까지 들었다. 글쓰기가 젬병이니 회사에 출근해도 일거리를 받지 못했다. 한창나이에 일이 주어지지 않자 스트레스가 이만저만이 아니었다. 스트레스를 먹는 것으로 풀다 보니 몸무게마저 엄청나게 늘어나 모든 것이 엉망이었다.

남아도는 시간을 때우기 위해 나는 영화를 보거나 소설이나 명언집을 읽으면서 마음에 드는 표현을 메모했다. 괴롭고 힘겨운 시간이었다. 그러던 어느 날, 멍하니 글을 보고 있는데 불현듯 '말의 법칙' 같은 것이 눈에 들어왔다. 그리고 그 법칙에 따라 광고 문안을 썼더니, 신기하게도 높은 평가를 받았다. 이거구나! 이때부터 인생이 바뀌었다. 서서히 바뀐 게 아니라 갑자기 바뀌었다.

나의 카피라이터 인생 18년을 당신이 처음부터 경험하려 한다면 시간도 시간이려니와 엄청난 노력을 기울여야 할 것이다. 이는 효율적이지 않다. 그래서 내가 도전과 실패를 반복하며 몸에 익힌 기술을 이 책에 실용적으로 옮겨놓았다.

최단 시간에 배우고 실천할 수 있는 말하기의 조리법과 숙달법이다. '말 조리법'을 요리 조리법처럼 정리해놓았고, 그 것을 만드는 과정도 차근차근 자세히 써놓았다. 어느 날 갑자기 프로 요리사의 맛을 낼 수는 없겠지만, 책을 읽는 순간부터 흉내를 낼 수 있을 것이며, 곧 실전에서 자신의 기술로 써먹을 수 있을 것이다.

이 책을 손에 쥔 모든 사람이 삶을 꽃피울 수 있게 되기를 바란다. 또한 성큼성큼 꿈에 다가서게 되기를 기원한다. 그러기 위해 가장 중요한 전달의 기술을 지금부터 몸에 착 붙게 익혀보자.

인생이
바뀌는
말습관
**차례**

**제1장**

**완벽하게 몸에 익히자!**

—

# '노'를 '예스'로
# 바꾸는 기술

**사람은 혼자서는 아무것도 할 수 없는 법**
**상대의 마음을 움직이는 전달법을 몸에 익히자**

"미안, 갑자기 일이 들어와서. 다음에 봐야겠네."

데이트를 약속한 날에 느닷없이 이런 연락이 왔다면? 이는 종종 있는 일이다. 그리고 달리 뾰족한 수가 없는 경우가 대부분이다. 일 때문에 어쩔 수 없다는 걸 알면서도 이런 말을 들으면 당연히 마음이 상한다. 그뿐 아니라 "날 소중하게 생각하지 않는구나…"라는 느낌도 받게 된다. 데이트를 기다리며 설레던 마음을 추스르면서 야속하다는 생각도 하게 마련이다. 무엇이 잘못된 걸까? 갑자기 일을 시켰으니 상사를 미워해야 할까? 그럴지도 모르겠다.

단, 이 말을 전달하는 방법에도 문제가 있다. 상대를 소중히 생각하고 있다는 느낌을 전혀 담지 않았기 때문이다. 이렇게 말해보면 어떨까?

"미안해, 일이 들어와서… 근데 더 보고 싶어지네."

이 정도로만 바꾸어 말해도 상대의 기분이 확 달라진다.

이유는 두 가지다. 첫 번째는 '더 보고 싶어졌다'고 상대를 좋아하는 마음을 전달하고 있기 때문이다. 두 번째는 이렇게 마음을 전달함으로써 '다짜고짜 취소된 약속'이 '두 사람의 감정을 세차게 끓어오르게 하는 사랑의 장애물'로 바뀌었기 때문이다.

말을 전달하는 방법에 따라 인생이 바뀐다. 좋아하는 사람과 대화를 할 때, 회사에서 프레젠테이션을 할 때, 가족과 의사소통을 할 때, 입사 면접을 볼 때 등 인생의 중요한 순간에 말을 어떻게 전달하느냐에 따라 결과가 달라진다. 같은 내용을 말하고 있는데도 전달 방법에 따라 '노'가 '예스'로 바뀌는 것이다.

전달법이 중요하다는 사실은 누구나 알고 있다. 하지만 어떻게 하면 제대로 된 전달법을 익힐 수 있는지는 알지 못한다. 뛰어난 사교성이나 타고난 언어 감각 같은 능력이 있어야만 하는 것, 간단하게 익힐 수가 없고 단순한 노력만으로는 어떻게 해볼 수가 없는 것이라며 자포자기한다. 그러나 이제는 그럴 필요가 없다.

말에도 조리법이 있기 때문이다. 요컨대 '조리법만 알면 누구나 잘할 수 있는' 것이다. 보통 언어 감각에 의존해서 말을 하지만, 조리법을 알면 더욱 능숙하게 말을 전달할 수 있다. 유능한 사람일수록 말 조리법을 무의식적으로 사용한다. 타고난 감각이나 센스로 치부되던 전달법을 누구나 사용할 수 있게 연습 가능한 조리법이란 형태로 소개하고자 한다.

## '예스'를 받아낼 가능성을 20~30% 끌어올린다

완전히 바꿀 수는 없지만 가능성은 높일 수 있다

솔직하게 고백하자면, 이 책을 읽었다고 해서 지금까지 '노'였던 상황을 전부 '예스'로 바꿀 수 있는 것은 아니다. 단, 가능성을 높일 수는 있다. 내가 경험한 바로는 가능성이 제로였다면, 그것을 20~30%까지 올릴 수 있다. 가능성이 절반 정도였다면 70~80%까지 끌어올릴 수 있다. 그리고 그 결과는 매번 축적된다. 따라서 말 조리법을 몸에 익혀서 사용하면, 이전의 당신은 도달할 수 없었던 곳에 이르게 된다.

사람은 평균적으로 하루에 22회가량 부탁을 하며 산

다. 물론 그 결과는 '예스'일 때도 있고 '노'일 때도 있다. 가령 적게 잡아서 하루에 한 번, 지금까지 '노'였던 대답을 '예스'로 바꿀 수 있다면 어떻게 될까? 그런 일이 하루만 일어나고 그만이라면 당신의 인생에 큰 변화는 없을 것이다. 하지만 그런 일이 1년 동안 계속 일어난다면? 무려 365번이나 '노'가 '예스'로 바뀐다. 3년이면 1,000번 이상 바꿀 수 있다.

자그마치 1,000번! 가만히 있었으면 '노'였을 대답을 1,000번이나 '예스'로 바꿀 수 있다면 진짜로 인생이 바뀌지 않겠는가?

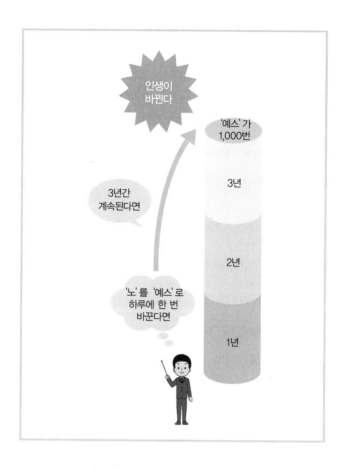

같은 내용이라도 전달하는 방식에 따라
'예스'의 가능성을 20~30% 높일 수 있다.

## 수많은 실천 사례를 읽으면서 몸에 익힌다

**습득 여부는 양질의 사례를 만나는 횟수로 결정된다**

이 책은 말 조리법을 유사 체험의 방식으로 이해할 수 있도록 구성해놓았다. 1장과 2장에서 소개하는 실천 사례는 이 책의 핵심이다. 다른 사람들의 경험담을 읽어나가다 보면 조리법이 단련되고, 능숙하게 활용할 수 있게 될 것이다.

누구를 막론하고 삶을 살아가면서 말을 절묘하게 전달해서 난관을 돌파한 경험이 한 번쯤은 있을 것이다. 그런 경험을 되풀이하면 전달법을 확실하게 몸에 익힐 수 있다. 다만 수많은 체험을 하기 위해서는 어쩌면 몇십 년이

걸릴지도 모른다. 그 시간을 이 책이 크게 단축시켜줄 것이다.

이제부터 '일상에서 멋지게 성공한 이야기'를 집중적으로 소개하려 한다. 직접 경험하듯이 읽어나갈 수 있는 실제 사례들이다. 특히 조리법을 사용하기 전의 말과 사용한 뒤의 말을 의식해서 읽어보기 바란다.

궁극적인 목표는 완전히 습득하는 것이다. 조리법을 특별히 의식하지 않고 사용할 수 있는 상태가 되어야 한다. 볶음밥을 만들 때도 처음에는 조리법을 흘끗거려야 하지만, 여러 번 만들다 보면 어느샌가 손에 익어 전화로 수다를 떨면서도 만들 수 있게 된다. 핵심은 '횟수'다. 즉 양질의 전달법을 적용해보는 횟수를 많이 경험할수록 더 확실히 자신의 것이 될 수 있다.

'노'를 '예스'로 바꾸는 기술
3단계

**기본이기에 꼭 익혀두어야 할 세 가지 포인트**

'노' 를 '예스' 로 바꾸고 싶다면 거쳐야 할 3단계가 있다.

## 1단계: 생각나는 것을 그대로 말하지 않는다

무심코 머릿속에 떠오르는 대로 말하는 사람들이 수두룩하다. 하지만 생각나는 것을 그대로 말했을 때 의도와는 달리 상대의 기분을 상하게 만드는 경우도 있다. 그러므로 가장 먼저 해야 할 일은 머릿속에 떠오른 것을 그대로

　이런 말습관은 어찌 보면 인간의 본성과도 같아서 하루 아침에 고칠 수 있는 게 아니다. 그렇지만 정말 중요한 부탁을 할 때는 생각나는 대로 입에 올려서는 안 된다. 한 예로 시골에서 귤을 한 박스 보내주었다고 하자. 가족들이 모두 신물 나도록 먹었는데도 여전히 많이 남았다면? 썩혀서 버리면 안 될 노릇이니 열심히 더 먹도록 독려해야 한다. 이때 무심코 "귤 좀 더 먹어!"라고 머릿속에 떠오르는 말을 그대로 내뱉기 마련인데, 이런 말습관을 바꿔야 한다.

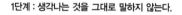
**1단계 : 생각나는 것을 그대로 말하지 않는다.**

귤을 더 먹었으면
좋겠는데.

귤 좀 더 먹어!

## 2단계: 상대의 머릿속을 상상한다

당신의 부탁을 상대는 어떻게 생각할지, 또한 평소에 상대는 무엇을 생각하고 있는지를 짚어보기 위해 상대의 머릿속을 상상해본다.

직접적으로 말해서 부탁하면 어떤 반응이 돌아올까를 생각한다. '예스'라는 대답이 돌아올 것 같으면 그대로 입 밖에 내어 말하면 된다. 반대로 '노'가 예상되면 그대로 말해서는 안 된다. 우선 목까지 올라오는 말을 꿀꺽 삼키고 상대에 대해 상상해보자. 무엇을 좋아하지? 싫어하는 건 뭘까? 성격은? 여기에 '예스'로 바꿀 수 있는 힌트가 숨어 있다.

신물이 나도록 귤을 먹은 가족의 머릿속을 상상해보자. '귤 좀 그만 먹었으면 좋겠다'라고 생각하고 있을 것이다. 그렇다면 일단 당신이 원하는 바는 머리 한쪽으로 밀어놓고, 가족이 좋아하는 것과 싫어하는 것을 생각해보자. 이를테면 누구든 '감기에 걸리고 싶지 않다'라는 생각은 갖고 있을 것이다. 감기가 활개를 치는 계절이 오면 주변에 기침을 하는 이들이 많아진다. 가족들도 감기에 걸릴까 봐 은연중에 걱정하고 있을 것이다.

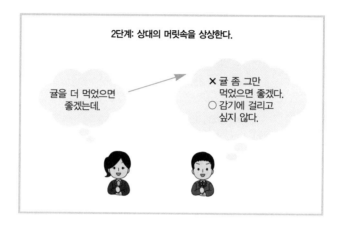

## 3단계: 상대가 바라는 이점과 일치하는 부탁을 만든다

상대가 원하는 것과 자신이 원하는 것이 일치하는 부탁을
만든다. 상대의 머릿속을 상상해서 말을 만들어보는 것
이다. 이때 상대에게 이로운 말을 만들어야 한다는 점이
중요하다. 결과적으로 자신이 원하는 것이 이루어지면
그만이다.

감기를 걱정하는 가족들에게 넌지시 "귤을 먹으면 감기에 안 걸린대"라고 말해주면, 상대가 바라는 점과 일치하기 때문에 자연히 귤에 손이 가게 된다. 이렇게 3단계로 말을 만들어 부탁을 하면 결과적으로 귤을 먹게 할 수 있다.

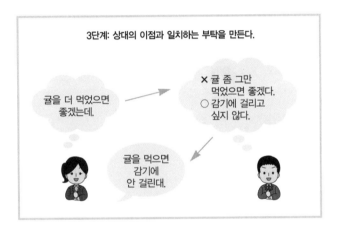

**3단계: 상대의 이점과 일치하는 부탁을 만든다.**

- 귤을 더 먹었으면 좋겠는데.
- ✗ 귤 좀 그만 먹었으면 좋겠다.
  ○ 감기에 걸리고 싶지 않다.
- 귤을 먹으면 감기에 안 걸린대.

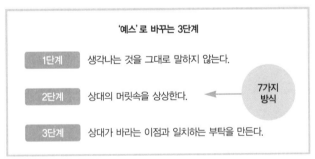

**'예스'로 바꾸는 3단계**

| | |
|---|---|
| 1단계 | 생각나는 것을 그대로 말하지 않는다. |
| 2단계 | 상대의 머릿속을 상상한다. |
| 3단계 | 상대가 바라는 이점과 일치하는 부탁을 만든다. |

7가지 방식

# '예스'로 바꾸는 7가지 방식 실천 사례

**읽는 것만으로도 저절로 익혀지는 핵심 포인트**

여기서부터는 꼼꼼하게 읽기 바란다. 각각의 실천 사례에는 전달의 기술을 정리해놓은 그림이 있다. 이 그림을 통해 전달의 기술을 다시 한 번 확인하면 습득률이 한층 상승할 것이다. 지금까지 어렴풋이 이해하고 있던 것을 조리법의 순서에 따라서 머릿속에 입력할 수 있다.

'단지 읽기만 하는데 습득이 될까?' 하고 의심할 필요 없다. 일단 믿고 읽어나가시라. 웃음이 절로 나오고 감동적이며 재미있는 사례들만 모아놓았으니 부담도 없다. 자, 그러면 이제부터 실천 사례를 즐기기 바란다.

## 1 상대가 좋아하는 것 파악하기
**기본이지만, 사람들에게 호감을 사는 최강의 기술**

"죄송합니다만, 그 셔츠는 진열된 상품뿐입니다."

가게 점원이 이렇게 말하면 어떤 생각이 들까? 순간적으로 '그럼 이게 남은 물건인가?', '많은 사람이 이걸 입어봤겠네' 같은 생각이 스쳐 지나가지 않을까.

그런데 점원이 다음과 같이 권한다면?

"인기가 좋은 옷이라 딱 한 벌 남았네요."

'인기가 있는 옷이라면 나도 사고 싶은데', '다행히 살 수 있겠구나'와 같은 생각이 들지 않을까. 어쩌면 부리나케 상품을 손에 쥐고 계산대로 갈 것이다.

똑같은 내용인데 전달법에 따라 상대의 생각과 행동이 바뀌는 것이다. 반응이 이렇게 다른 것은 '상대가 좋아하는 것 파악하기'를 사용해서 말을 전달했기 때문이다.

가게 점원이 하고 싶은 말은 '옷을 구입해주세요'다. 하지만 그 생각을 그대로 전달해서는 안 된다. 고객의 머릿속을 상상해서 고객이 좋아하는 것을 파악해 표현해야 한다. 상대가 좋아하는 것을 알아내서 거기 맞춰 말을 전달하면, 상대도 기꺼이 부탁을 들어주고 싶어진다. 이 방식을 활용하면, 상대를 행복하게 해주면서 자신이 바라는 것도 이룰 수 있다.

'예스'를 얻어내는 방식 중에서도 나는 '상대가 좋아하는 것 파악하기'가 가장 먼저라고 생각한다. 상대가 무엇을 좋아할지 생각하는 습관이 몸에 배면, 상대는 당신

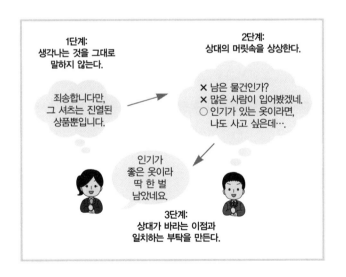

의 성격까지 좋아졌다고 느끼게 된다. 아니, 실제로 그렇게 된다. 상대가 좋아하는 것을 적극적으로 생각하게 되기 때문이다.

'상대가 좋아하는 것 파악하기' 실천 사례 1

## 기내식 중 생선만 남은 상황에서
## 승객이 기꺼이 생선을 고르도록 한 전달의 기술

탄성이 절로 나오는 멋진 전달법이 영화〈해피 플라이트〉에 나온다. 항공회사의 신입 승무원인 아야세 하루카가 기내식을 서비스하던 장면이었다. 소고기와 생선 요리가 있었는데, 너도나도 소고기만 찾아 생선만 남게 된 상황. 아야세는 우왕좌왕 어찌할 바를 모르고 있었다.

그때 베테랑 선배가 등장했다. 그녀는 "균등하게 배분했어야지. 자, 봐봐"라고 한마디 던지더니 멋진 전달법을 보여주었다.

"허브를 골고루 얹고, 미네랄이 풍부한 천연 돌소금과 굵은 흑후추를 뿌려 구운 맛있는 흰살생선, 그리고 일반적으로 조리한 소고기가 있습니다."

물론 영화이기 때문에 연출된 장면이긴 하지만, 이렇게 소개하면 아무래도 생선 쪽이 맛있어 보이고 선택하고 싶어진다. 역시 대부분의 승객이 앞다투어 생선을 달라고 말한다. 상대가 좋아하는 것 파악하기 방식을 멋지게 활용한 것이다.

"죄송합니다. 생선만 남아 있어서"라고 말하면 왠지 남은 음식을 강요하는 듯한 느낌이 들기 때문에 먹고 싶은 마음이 싹 사라진다. 그런데 베테랑 선배처럼 말을 조리해서 표현하면 기꺼이 생선을 선택하고 싶어진다. 이것이 바로 전달법이 가진 힘이다.

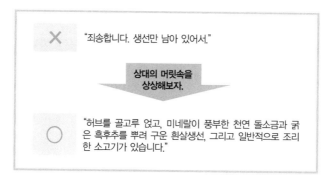

✕ "죄송합니다. 생선만 남아 있어서."

**상대의 머릿속을 상상해보자.**

○ "허브를 골고루 얹고, 미네랄이 풍부한 천연 돌소금과 굵은 흑후추를 뿌려 구운 흰살생선, 그리고 일반적으로 조리한 소고기가 있습니다."

## 매출을 10배 증가시킨 고구마의 이름 짓기 전달의 기술

고구마 중에 '야마다 고구마(가칭)' 라는 품종이 있다. 오이식스의 팀장 사토 미사키는 머리를 쥐어짜고 있다. 오이식스는 유기농 식품을 판매하는 통신판매회사다.

어떻게 하면 야마다 고구마의 매출을 늘릴 수 있을까. 달고 맛있는 건 분명하지만, '아무리 맛있어 봐야 고구마일 뿐' 이라는 생각을 가진 사람들이 수두룩했다. 제아무리 품질이 좋아도 고구마로 매출을 뛰게 하기는 어려웠다.

'야마다 고구마'

사토 팀장은 고구마의 품종명이 적힌 종이를 물끄러미 쳐다보았다. 그러더니 팀원들을 모두 불러 모아 하나씩 의견을 물었다. 새 이름을 짓기로 한 것이다. 그렇게 고심하여 탄생한 별칭이 바로 이것이었다.

'생캐러멜 고구마'

입안에서 살살 녹는 맛, 촉촉하고 부드럽게 혀에 닿는 감촉을 콕 집어내서 표현하고자 했다. 장을 보는 주부가 좋아할 만한 것을 생각한 끝에 만든 이름이었다. 주부들이 좋아하는 생캐러멜이란 말을 사용해서 장바구니에 집어넣고 싶은 욕구를 자극한 것이다.

단지 이름을 바꿨을 뿐인데 이후 이 고구마의 매출은 무려 10배 가까이 향상되었다. 아울러 오이식스의 최고 상인 금상을 2년 연속 받는 등 그야말로 최고 히트 상품이 되었다.

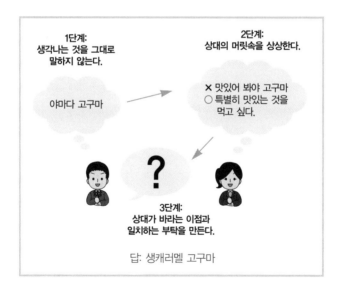

**가격을 내려달라는 원청회사에**
**오히려 더 높은 가격의 상품을 납품한 전달의 기술**

카 내비게이션을 만드는 공장을 운영하고 있던 한 사장은
난처한 상황에 놓여 있었다. 내비게이션을 만들어 더 큰
회사에 납품하는 하청회사였는데, 원청회사의 계약조건
이 만만치가 않았다. 작년에는 가격을 3% 낮췄는데, 올
해는 설상가상으로 5% 내려달라고 요구한 것이다. 그만
큼 순이익이 감소하지만 거래를 유지하려면 울며 겨자 먹
기로 받아들일 수밖에 없었다. 이러다간 손가락을 빠는
수밖에 없다고 생각한 사장은 한 가지 제안을 해보았다.

"더 높은 가격에 더 좋은 성능의 모델을 만들어보지 않
겠습니까?"

이에 대해 원청회사의 대답은 '노'였다. 머리를 쥐어뜯
던 사장은 다가오는 봄에 다시 한 번 제안을 해보기로 하
고 그때는 말 조리법을 사용해보리라 마음먹었다. 자신
이 원하는 바를 그대로 말하는 것이 아니라 제조회사의
사업을 연구해서 제안하기로 한 것이다. 이윽고 그 시기

가 되자 사장은 이렇게 제안했다.

"사장님 회사의 플래그십 모델을 만들어보지 않겠습니까?"

그러니까 회사의 기술력을 세상에 보여줄 최고의 모델을 만들자는 제안이었다. 숨이 멎을 것 같은 긴장된 순간이었다. 잠깐의 침묵이 흐른 뒤 원청회사의 사장이 무릎을 탁 치며 말했다. "그래요, 바로 그런 제안을 기다렸어요!" 그리고는 바로 그 자리에서 계약서를 작성해주었다.

마침 그 회사에는 몇 가지 카 내비게이션이 있었는데, 타사와 차별화할 만한 플래그십 모델이 없었다는 게 이유였다. 상대의 머릿속을 깊이 생각했기에 '노'를 '예스'로 바꿀 수 있었던 것이다.

사실 그 내용은 지난번 제안했던 것과 같은, 고가격·고성능 모델을 만들자는 것이었다. 그런데도 상대의 머릿속을 상상해 상대가 무엇을 바라고 있는지를 정확히 짚어냈기에, 원하는 결과를 얻어낸 것이다. 납품단가를 깎던 상대에게 오히려 더 비싼 상품을 납품하게 된 그야말로 인생 역전의 순간이었다.

"더 높은 가격에 더 좋은 성능의 모델을 만들어보지 않겠습니까?"

상대의 머릿속을
상상해보자.

 "사장님 회사의 플래그십 모델을 만들어보지 않겠습니까?"

'상대가 좋아하는 것 파악하기'를 사용하면
호감도 얻고 자신이 원하는 바도 이룰 수 있다.

## 2 싫어하는 것을 피하도록 유도하기
**통하지 않는 사람에게도 강력한 효과를 발휘하는 최후의 수단**

전시장에 갔을 때 다음과 같이 주의를 주는 글을 본 적이 있을 것이다.

　"전시물에 손대지 말아주세요."

　하지만 그런 경고문이 무색하게 전시물을 만져보는 사람이 꼭 있다. 명령을 받으면 받을수록 반발하고 싶어지는 것이 사람 마음이다. "그거 하지 마"라는 말을 들으면 오히려 더 하고 싶던 경험은 누구에게라도 있을 것이다. 이럴 때 전시장의 주의 문구를 이렇게 바꿔보면 어떨까.

　"약품을 발라놓았으니 만지지 마세요."

　이런 글을 보면 선뜻 만지기가 꺼려진다. 약품이 손에 묻는 것이 찜찜하고 몸에 해로울 것 같기 때문이다. 아무래도 만지지 않는 편이 좋다고 생각하게 된다.

　"이렇게 해로운 점이 있으니 그만두세요"라고 전달하는 것이 '싫어하는 것을 피하도록 유도하기' 방식이다.

어떤 일을 금하려고 할 때, 깊이 생각해보면 그 행동이 상대방 본인에게도 해를 줄 수 있는 상황은 얼마든지 있기 마련이다. 그런 점을 드러내어 전달함으로써 상대가 '하고 싶지 않도록' 한다. 바꿔 말하면 하지 않는 것이 이점이 된다는 사실을 전달하는 것이다.

이 방식은 강력해서 좀처럼 말을 듣지 않는 사람조차 말을 듣게 하는 힘이 있다. 때로는 강압적인 느낌을 줄 수도 있다. 그러므로 자주 사용하지 말고 꼭 필요한 상황에서만 사용하는 것이 좋다.

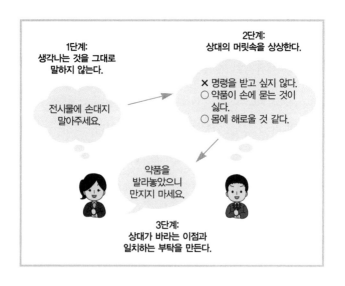

## 변기 뚜껑을 닫지 않던 남편을 실행하게 한 전달의 기술

결혼생활 25년째인 가정주부 안도 유이는 내심 화가 나 있었다. 남편이 화장실을 사용한 뒤 변기 뚜껑을 닫아놓지 않는 습관 때문이었다. 그때마다 입이 닳도록 "변기 뚜껑 좀 닫아줘"라고 부탁하곤 했다. 그러면 마지못해 뚜껑을 닫고 나오긴 하지만 다음 날이면 말짱 도루묵이 되었다. 고양이가 가끔 변기 속 물을 핥아 먹는 것도 걱정이 되었다. 그녀는 지나치게 무신경한 남편을 이해할 수가 없었다. 더는 개의치 말자고 다짐도 했지만, 화장실에 들어갔을 때 변기 뚜껑이 열려 있으면 자기도 모르게 화가 났다.

어느 날 그녀는 말을 바꿔서 전달해보기로 했다. 그랬더니 남편이 볼일을 본 다음에 변기 뚜껑을 닫고 나오기 시작했다. 과연 어떻게 전달한 걸까?

그녀는 이렇게 말했다.

"변기 뚜껑을 닫지 않으면 복이 달아난대."

풍수설에 정말 이런 말이 있다고 한다. 처음에 이 말을 들은 남편은 그저 시큰둥한 표정을 지을 뿐이었다. '역시 전달 방법을 바꾸는 것만으로는 아무 소용이 없는 걸까' 하는 생각이 들었다. 그런데 다음날 남편이 화장실을 사용한 뒤에 가보니 놀랍게도 변기 뚜껑이 닫혀 있었다. 며칠 그러다 만 것이 아니라 그 후로도 남편은 착실하게 뚜껑을 닫고 나왔다.

　평소 풍수설이라면 콧방귀를 뀌는 남편이었지만 '복이 달아나는 것만은 피하고 싶다' 는 의식이 강했던 것은 아닐까. 전달법을 바꾼 뒤부터 변기 뚜껑은 깔끔히 닫혀 있게 되었으며, 이제 그녀도 이 때문에 화낼 일이 없어졌다.

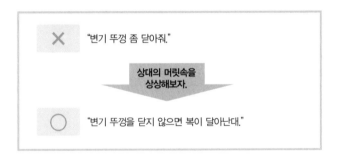

× "변기 뚜껑 좀 닫아줘."

상대의 머릿속을
상상해보자.

○ "변기 뚜껑을 닫지 않으면 복이 달아난대."

## 뛰어다니는 아이들을 본체만체하던 엄마 부대를
## 180도 변하게 한 전달의 기술

저녁 무렵 한 패밀리 레스토랑에서 있었던 일이다. 그날은 손님 중 아이들과 함께 온 엄마 부대가 한 자리를 차지하고 있었고 회사원들도 꽤 있었다. 점원인 사이토 노리코는 이도 저도 못하고 속만 끓이고 있었다. 아이들이 떠들고 장난만 치면 모르는데, 자리에서 일어나 쿵쾅쿵쾅 뛰어다니며 야단법석을 떨었던 것이다. 사이토는 조용히 테이블로 가서 이야기꽃을 피우고 있는 엄마 부대에 부탁을 했다.

"다른 손님들에게 폐가 되니 아이들을 자리에 앉아 있게 해주실 수 없을까요?"

순간 엄마들은 수다를 멈추고 흘낏 쳐다보았다. 하지만 아무 일도 없다는 듯이 다시 학교 선생님들에 관한 이야기를 이어갔다. 하던 이야기로 돌아갈 게 아니라 아이들을 제자리로 돌아오게 해야 하는데 말이다.

아이들 때문에 레스토랑 분위기가 어수선해지자 점장이 나왔다. 사이토가 전후 사정을 설명했더니, "그렇다면 이렇게 말해보는 건 어떨까?"라면서 점장이 엄마 부대가 모여 있는 테이블로 다가갔다. 사이토는 불안해서 안절부절못했다. 조금 전에 그렇게 부탁을 했는데도 소가 닭 보듯 잠깐 쳐다보고 만 손님들이었기 때문이다.

점장은 이렇게 말했다.

"뜨거운 요리를 나르고 있습니다. 부딪히면 아이들이 심한 화상을 입게 됩니다. 가만히 자리에 앉아 있게 해주실 수 없을까요?"

그 말을 듣는 순간 엄마 부대는 서로 눈을 마주쳤다. 그러더니 아이들에게 돌아오라며 손짓을 하거나 데리러 가는 등 부산을 떨었다.

점장은 '싫어하는 것을 피하도록 유도하기'를 사용해서 말을 전달했던 것이다. 다른 고객에게 폐가 된다는 말은 들은 척도 하지 않았지만, 아이들이 화상을 입는다는 말에는 귀를 쫑긋 세웠다. 만에 하나라도 화상을 입어서는 큰일이기 때문이다. 핵심을 찌른 점장의 전달법과 그 효과를 보고 사이토는 눈이 휘둥그레졌다. 점장은 생글생글 웃으면서 주방으로 돌아갔다.

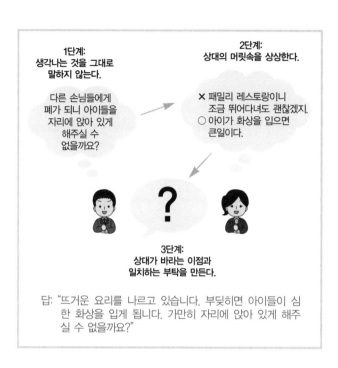

**1단계:**
생각나는 것을 그대로
말하지 않는다.

다른 손님들에게
폐가 되니 아이들을
자리에 앉아 있게
해주실 수
없을까요?

**2단계:**
상대의 머릿속을 상상한다.

✕ 패밀리 레스토랑이니
조금 뛰어다녀도 괜찮겠지.
○ 아이가 화상을 입으면
큰일이다.

?

**3단계:**
상대가 바라는 이점과
일치하는 부탁을 만든다.

답: "뜨거운 요리를 나르고 있습니다. 부딪히면 아이들이 심
한 화상을 입게 됩니다. 가만히 자리에 앉아 있게 해주
실 수 없을까요?"

## 책 도둑을 극적으로 감소시킨 경고문 속 전달의 기술

오사카에 있는 한 서점의 점장 야마다 고지는 책 도둑 때
문에 골머리를 앓고 있었다. 이런저런 대책을 마련해봤
지만 소용이 없었다.

"책을 훔치는 행위는 범죄입니다."

이런 문구를 대문짝만하게 적은 포스터도 붙여놓았지만 아무 효과가 없었다.

대책을 마련하고자 애쓰던 야마다는 우연히 《전달의 기술》 책을 읽게 되었다. 그리고는 밑져야 본전이란 생각에 책에 적혀 있는 전달법을 그대로 응용해서 포스터를 만들어보았다. 다음과 같이 말이다.

"여러분 덕분에 책 도둑을 잡을 수 있었습니다. 협력해주셔서 감사합니다."

그러자 책 도둑이 눈에 띄게 줄어들었다. 책 도둑 입장에서 보면 '책을 훔치다가 붙잡히는 것'만큼 싫은 일은 없었을 것이다. 그런 일만은 피하고 싶다는 생각이 강하게 들지 않았을까.

물론 그렇다고 책 도둑을 붙잡았던 것은 아니므로, 도둑이 이 글에 익숙해지면 새로운 전달법이 필요해질지도 모른다. 하지만 여하튼 전달법 덕분에 책을 잃어버리는 일이 현저하게 줄어든 것만은 사실이었다.

| ✕ | "책을 훔치는 행위는 범죄입니다." |

상대의 머릿속을<br/>상상해보자.

| ◯ | "여러분 덕분에 책 도둑을 잡을 수 있었습니다. 협력해주셔서 감사합니다." |

'싫어하는 것을 피하도록 유도하기'를 사용하면
좀처럼 말을 듣지 않는 사람조차 말을 듣게 할 수 있다.
전달법의 마지막 수단이다.

## 선택의 자유 주기

상대가 어느 쪽을 선택하든 내가 원하는 바를 이루는 것이 포인트

레스토랑에서 식사가 거의 끝나갈 무렵 웨이터가 다가와서 묻는다.

"디저트를 주문하시겠습니까?"

이 말을 듣고 평소 디저트를 즐기거나 좋아하는 사람은 주문을 할지도 모른다. 하지만 그렇지 않은 사람은 십중팔구 고개를 저을 것이다. 그럴 때 매출을 좀 더 올릴 수 있는 전달법이 있다.

"디저트는 망고 푸딩과 녹차 라테가 있는데, 어떤 걸로 하시겠습니까?"

이렇게 권하면 "망고 푸딩과 녹차 라테가 있다면…, 망고 푸딩으로 하겠어요!"와 같이 무심코 선택을 하게 된다. 이것이 인간의 심리다. 양자택일의 상황에 놓이면 사람은 자기도 모르게 그중 하나를 선택하게 된다. 디저트는 이익률이 높기 때문에 가게로서는 될 수 있으면 주문

을 많이 받고 싶을 것이다. 점원이 이렇게 말을 살짝 바꿔서 권하는 것만으로도 매출 향상을 기대할 수 있다.

'선택의 자유 주기' 방식의 포인트는 상대가 어느 쪽을 선택해도 내가 원하는 바가 이루어지도록 유도하여 묻는 것이다. 예를 들어 "디저트를 드릴까요? 보리차를 드릴까요?" 이렇게 물을 경우, 손님들이 보리차를 선택한다면 매출은 일어나지 않을 것이다. 그러니 어느 쪽을 선택하

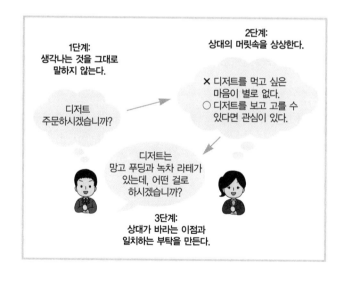

든 내게 이익이 되는 두 가지 상품, 예컨대 망고 푸딩과 녹차 라테 중에서 고르도록 권해야 한다.

이 '선택의 자유 주기'는 최종적으로 상대가 선택하기 때문에 상대에게 '스스로 선택했다'는 생각이 들게 할 수 있으며 강요받는다는 느낌도 적다.

**'선택의 자유 주기' 실천 사례 1**

**맨발로 다니던 아이에게 스스로 신발을 신게 한 전달의 기술**

두 살 된 딸을 키우고 있는 사카이 에미는 매일 아침 어린이집에 딸을 데리고 갈 때마다 애를 먹는다. 딸이 신발을 신지 않으려고 하기 때문이다. 맨발로 어린이집에 데리고 갈 수는 없는 노릇이기에 "신발 신고 가자"고 살살 달래보지만 신발을 신기는커녕 오히려 방으로 돌아가서 블록을 갖고 놀려고 한다. 그러다 보니 걸핏하면 지각이다.

아침마다 애를 태우던 사카이는 어느 날 다른 아이의 엄마에게 전해 들은 말 조리법을 사용해보기로 했다. 딸에게 신발 두 켤레를 보여주고, "파란 신발과 빨간 신발 중 어느 쪽이 좋아?"라고 물어보았다. 그랬더니 딸은 "파란 신발!" 하며 손가락으로 가리키고 스스로 신발을 신었다. 딸아이는 강제로 정해준 신발을 신기가 싫었던 모양이다. 자신의 의사로 선택할 수 있게 되자 직접 신발을 꿰고 싶은 마음이 생긴 듯하다.

바로 '선택의 자유 주기' 전달 방식을 사용한 것이다. 그 뒤 사카이는 육아를 할 때 종종 이 기술을 활용하고 있다. 예를 들면 "옷 입자"라고 권하지 않고 "꽃무늬 옷과 곰 아저씨 옷 중 어느 쪽이 좋아?"라고 물어보게 된 것이다.

아이를 키울 때 특히 이 기술은 쓸모가 있다. 아이가

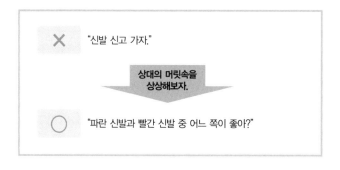

X "신발 신고 가자."

상대의 머릿속을
상상해보자.

○ "파란 신발과 빨간 신발 중 어느 쪽이 좋아?"

스스로 나서서 하고 싶어지도록 말을 조리해서 권해주는 것이다. 물론 매사에 이 방식을 사용하면 어느 순간 아이도 둔감해진다. 다른 기술도 섞어서 시도해야 효과가 있다.

전달법을 사용해서 말을 할 경우 아이가 스스로 하게 되는 이점만 있는 것이 아니다. 엄마에게 배워서 아이도 자연스럽게 그 전달법을 사용할 수 있게 된다.

아이들의 일상생활 중에는 친구들이나 선생님과 대화를 나누는 시간이 많다. 전달법을 몸에 익히면 친구끼리 아옹다옹하는 일도 줄어들지 않을까. 어려서부터 이런 기술을 자연스럽게 익히면 아이는 자라면서 훨씬 수월하게 자기 생각을 사람들에게 전할 수 있을 것이다.

'선택의 자유 주기' 실천 사례 2

**텅텅 비던 노동조합 회의에 사람들을 끌어모은 전달의 기술**

회사 노동조합에 가입한 신입사원 오에 유카는 고민거리가 생겼다. 선배가 권유해서 가입을 했는데, 회의에 나가보고 깜짝 놀랐다. 참석한 사람들이 생각보다 너무 적었기 때문이다. 이날 이후 오에게 노동조합 회원들을 모두 회의에 참석시키라는 임무가 부과되었다.

처음에는 "회의에 참석해주십시오"라는 정중한 메일을 보냈고, 그 뒤에도 참석 여부를 확인하는 메일을 수차례 보냈다. 그럼에도 여전히 사람들은 모이지 않았다. 아무래도 귀찮은 모양이었다. 오에는 머리를 쥐어짰다. 남성 회원이 대부분이었기에 궁리 끝에 다음과 같이 말을 바꿔서 메일을 보냈다.

"회의 중 제공되는 도시락을 선택할 수 있습니다. 소고기구이 도시락과 돈가스덮밥 도시락 중 어느 쪽으로 하시겠어요?"

그러자 평소에는 꿩 구워 먹은 소식이었는데 답장들이 속속 날아왔다. 심지어 한 번도 참석하지 않았던 회원들도 "전 소고기구이 도시락!"이란 답장을 보내줬다.

마침내 회의가 열리는 날, 오에는 가슴을 졸이며 기다렸다. 그리고 공지했던 회의 시간이 되었는데 갑자기 사람들이 우르르 몰려오기 시작했다. "오랜만이에요!"와 같은 인사 소리와 함께 자리가 꽉 채워졌다. 여느 때라면 휑

뎅그렁했을 회의실이 비좁게 느껴질 정도였다.

오에는 '선택의 자유 주기'를 활용해서 메일을 보냈던 것이다. 오에 입장에서는 소고기구이 도시락이든 돈가스 덮밥 도시락이든 아무 상관이 없었다. 어느 쪽을 선택하든 참석만 하게 유도하면 그만이었다. 이전부터 도시락은 사람 수만큼 준비해놓고 있었으니까.

단지 남자들이 좋아할 만한 도시락을 골라놓고 선택의 자유를 주었을 뿐이다. 즉 '선택의 자유 주기'와 '상대가 좋아하는 것 파악하기'를 조합해서 참석률을 높인 것이다. 오에는 신입사원이었음에도 전달의 기술을 활용해서 뜻밖의 큰 공훈을 세울 수 있었다.

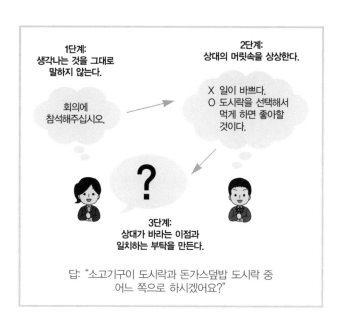

1단계:
생각나는 것을 그대로
말하지 않는다.

회의에
참석해주십시오.

2단계:
상대의 머릿속을 상상한다.

X 일이 바쁘다.
O 도시락을 선택해서
먹게 하면 좋아할
것이다.

?

3단계:
상대가 바라는 이점과
일치하는 부탁을 만든다.

답: "소고기구이 도시락과 돈가스덮밥 도시락 중
어느 쪽으로 하시겠어요?"

'선택의 자유 주기'를 사용하면
강제로 시킨다는 느낌을 주지 않고 상대를 움직일 수 있다.

## 4 인정받고 싶어 하는 욕망 채워주기
**회사에서든 집에서든 인간관계를 원만하게 해주는 데 효과 만점**

집에서 손가락 하나 까딱 않는 남편에게 "창문 좀 닦아 줘. 집안일이 산더미야"라고 부탁하면, 과연 남편이 소매를 걷어 올리고 창문을 닦아줄까? 예상컨대, 당연히 '노'다. '또 귀찮은 일을 떠넘기는군' 하면서 그 자리를 피할 궁리부터 할 것이다. 설령 마지못해 청소를 한다고 해도 "나도 매일 회사에 나가서 일하는데…"라고 투덜대면서 건성건성 할 게 뻔하다.

자, 그렇다면 이렇게 말해보면 어떨까?

"당신은 키가 커서 높은 곳까지 손이 닿으니 깨끗하게 닦을 수 있잖아. 부탁 좀 할게."

이렇게 바꾸어 말하면 아무래도 '한번 해볼까?' 하는 마음이 생겨나게 마련이다. 이것이 바로 '인정받고 싶어 하는 욕망 채워주기' 방식이다. 물론 이렇게 말한다고 해서 남편이 반드시 창문을 닦아주리라 보장할 순 없지

만, 적어도 아내의 말을 듣고 기분이 상하지는 않을 것
이다.

이 기술은 '사람은 기대를 받으면 기대한 대로 성과를
내고 싶어진다'는 심리학의 인정 욕구로도 설명할 수 있
다. 회사원은 물론 주부, 학생, 노인 등 남녀노소를 불문
하고 인정을 받으면 그 기대에 부응하려는 마음이 생기기
마련이다. 상대가 나를 인정하는구나 생각되면, 다소 귀
찮은 부탁일지라도 들어주고자 한다.

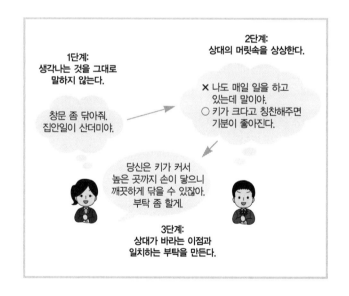

**그만둘 것 같은 신입사원에게 자신감을 되찾게 해준 전달의 기술**

"아무래도 회사를 그만둘 것 같은데…."

회사원 후즈키는 신입사원 기무라가 더는 못 버티고 사직서를 쓸 것 같은 느낌이 들었다. 평소 기무라가 의욕이 넘쳤고 꿈도 컸기에 후즈키는 내심 그를 응원하고 있었다. 그런데 업무에서 성과를 내지 못해 질책만 받는 나날이 이어졌다. 멀리서 봐도 점점 자신감을 상실해가고 있다는 것을 알 수 있었다.

그러던 어느 날, 기무라가 다급한 목소리로 전화를 했다. 납품을 잘못해서 고객에게 설명을 해줘야 하는 일이 생겼다는 것이다. 후즈키는 바로 고객에게 사죄의 전화를 드리라고 조언했다. 그런데 머뭇거리는 걸 보니 아무래도 대신 일처리를 해주기를 바라는 듯했다. 여느 때라면 "그 정도도 못 하면 어떻게 하려고 그래?"라고 쏘아붙이며 뿌리쳤을 텐데, 그 말을 꿀꺽 삼키고 대신 이렇게 말해주었다.

"괜찮아. 기무라라면 충분히 할 수 있어! 기무라가 직접 설명해주기를 고객도 바라고 있을 거야."

분발하기를 바라는 마음을 담아 '인정받고 싶어 하는 욕망 채워주기' 방식을 사용해서 격려해준 것이다. 잠시 몇 초 동안 침묵이 이어졌다. 그러더니 조금 힘이 들어간 목소리로 기무라가 "네, 알겠습니다!"라고 대답했다.

그 후 안절부절못하며 결과를 기다리고 있던 후즈카에게 다시 전화가 걸려왔다. 용기를 낼 수 있게 도와주셔서 감사하다는 기무라의 밝은 목소리였다.

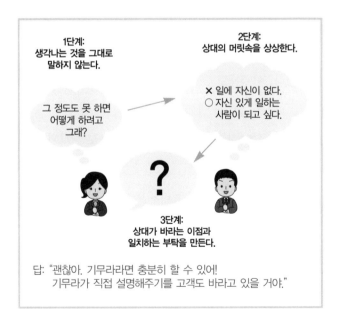

**손을 잡으려고 하면 도리질을 치던 아이를 손잡게 한 전달의 기술**

신호등이 파란불로 바뀌어도 횡단보도를 건너지 않는 두 사람을 보고 사람들은 고개를 갸웃거렸다. 시모다 하루코가 세 살 된 조카와 찻길을 건너려고 하는데, 조카가 도무지 손을 잡으려고 하지 않는 것이다. 그 도로는 차들이 많이 다니는 데다가 때로는 커다란 트럭도 쌩쌩 달리는 곳이었다.

"위험하니까, 이모 손을 잡아."

아무리 손을 잡으라고 말해도 "싫어"라며 도리질만 칠 뿐이었다. 아무래도 조카는 아이처럼 취급받는 게 싫은 모양이다. 세 살이면 당연히 어린아이인데 말이다. 그 사이 신호가 또 파란불로 바뀌었는데 이번에도 건너가지 못했다. 다시 빨간불로 바뀌는 모습을 보면서 시모다는 궁리를 했다. 그러곤 전달법을 바꿔보기로 했다.

"혼자 가기가 겁이 나네. 이모 손을 잡고 같이 건너가 주지 않을래?"

조카를 어른처럼 대접하며 도와달라고 부탁했다. 그러자

신기하게도 조카는 냉큼 이모의 손을 잡았다. 시모다의 '인정받고 싶어 하는 욕망 채워주기' 방식이 통했던 것이다.

자신을 어른처럼 대우하고 인정해주자 조카는 기쁜 마음에 주저 없이 손을 잡았고, 시모다는 그제야 안심하고 조카와 함께 찻길을 건너갈 수 있었다. 물론 강압적으로 조카의 손을 잡아끌고 갈 수도 있었을 것이다. 하지만 전달법을 달리해서 조카의 마음을 움직였기에 두 사람은 기분 좋게 손을 맞잡고 횡단보도를 건너갈 수 있었다. 이것이 전달의 기술이 가진 힘이다.

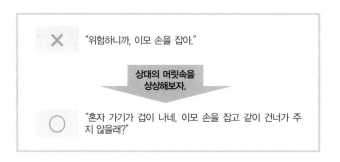

×  "위험하니까, 이모 손을 잡아."

상대의 머릿속을
상상해보자.

○  "혼자 가기가 겁이 나네. 이모 손을 잡고 같이 건너가 주지 않을래?"

'인정받고 싶어 하는 욕망 채워주기'를 사용하면
만만치 않은 상대도 기대에 부응하고자 한다.

## 전달력 테스트 1

당신의 전달력은 어느 정도일까?

당신이 선배나 상사 등 윗사람과 의사소통을 잘하고 있는지를 단번에 알 수 있는 질문이 있다. 우선 관계를 확인하고 싶은 사람을 정한다. 상대를 생각하며 다음 질문에 5초 안에 대답해보자.

### Q. 그 사람의 자녀 이름은?

5초 안에 대답한 사람은 선배나 상사와 관계가 양호하다. 대답하지 못한 사람은 주의해야 한다. 왜 자녀의 이름을 알고 있는지가 중요한 걸까? 누구나 자신의 아이는 세상에서 가장 소중한 것 중 하나이기 때문이다. 자녀의 이름을 알고 있다면 '상사나 선배가 좋아하는 것'을 생각한 적이 있는 사람이다.

반대로 자녀의 이름을 모르는 사람은 '상사나 선배가 좋아하는 것'을 생각해본 적이 별로 없지 않았을까. 의사소통의 기본인 '상대의 머릿속을 상상한다'를 실천하지 않았기 때문일 수도 있다. 지금이라도 상사의 자녀 이름을 알아두는 것부터 실천해보자.

**'당신은 특별하다'는 말을 들으면 누구나 움직이게 된다**

요즘 20대는 상사와 술자리를 갖지 않는다고 한다. 한 친구가 회사 신입사원에게 "술 한잔할까?"라고 권했더니 "왜요?"라고 묻더란다. 친구는 설마 이유를 물어올 줄은 생각도 못했기에 벌게진 얼굴로 "바쁜 일이 있으면 다음에 하지"라고 얼버무리고 말았다는 것이다.

이런 시대다. 그런데 부서에서 회식이 잡혔고 친구가 간사를 맡게 되었다. 부장이 "지난번에는 사람들이 별로 참석하지 않았으니 이번에는 좀 많이들 오게 해"라고 지시했다. 참으로 난감하기 이를 데 없었다. 무작정 무조건 "회식에 참석해줘"라고 말할 수는 없는 일이었다. 친구는 머리를 굴린 끝에 다음과 같은 메일을 보냈다.

"이시카와가 오지 않으면 분위기가 살지 않으니 이시카와만은 꼭 와줘야 해."

이와 같은 메일을 부서 직원 모두에게 보냈다. 그것도 단체 메일로 발송한 것이 아니라 정성을 다해서 한 명 한 명에게 말이다. 그랬더니 놀랍게도 회식에 전원이 참석했다. 이것이 '상대를 콕 집어 한정하기' 방식이다. '당신만' 혹은 '당신밖에'라고 강조하면서 '당신이 아니면 안 되고', '당신이야말로 선택된 사람'이라고 말해주는 것이다.

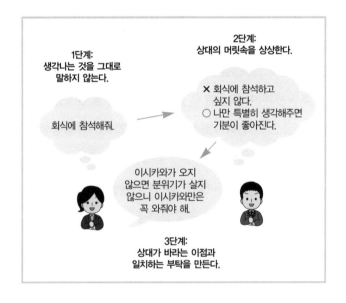

이때 '이시카와만은'처럼 당사자의 이름을 직접 적거나 언급해주면 효과가 훨씬 커진다. 모름지기 사람은 '당신만'이라는 특별한 느낌을 좋아하기 때문이다. 그런 말을 들으면 자신이 특별한 존재라는 우월감을 느끼고, 그렇게 말해주는 상대의 말을 들어주고 싶어진다.

'상대를 콕 집어 한정하기' 실천 사례 1

## 클레임을 제기하는 고객의 마음을 사로잡은 AS센터 직원의 전달의 기술

나는 PC와 휴대전화 등 모든 기기를 A사의 제품을 사용하고 있다. 정밀기기의 경우 매일 들고 다니며 쓰다 보니 아무래도 상태가 나빠지는 때가 많다. 그래서 종종 AS센터에 문의를 하게 되는데, 경우에 따라서 무료로 교환을 받기도 한다. 그런데 생각해보면 무료 교환을 해줄 때 A사의 AS센터 직원은 이렇게 말하지 않는다.

"무료로 교환해드리겠습니다."

무료로 교환해주는 것만으로도 고마운 일인데 이렇게 말해준다.

"저희 회사 제품을 애용해주신 사사키 님에게만은 무료로 교환해드리겠습니다."

이런 말을 들으면 상당히 기분이 좋다. 고장이 나서 클레임을 제기한 것이었는데도, 이렇게 응대해주면 오히려 긍정적으로 '서비스를 받았다!'는 느낌을 받게 된다. 나만 이득을 본 듯한 기분이 들고 'A사는 좋은 회사네'라고 생각하게 된다.

사실 우스운 얘기지만, 나는 정말로 나만 특별한 대접을 받고 있는 줄 알았다. 그야말로 '상대를 콕 집어 한정하기' 방식이 톡톡히 효력을 발휘했던 셈이다. 그런데 어느 날 친구에게 A사가 내게만 특별한 대우를 해주고 있

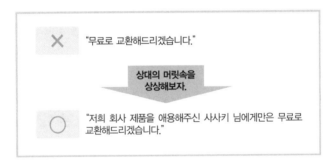

✕  "무료로 교환해드리겠습니다."

**상대의 머릿속을 상상해보자.**

○  "저희 회사 제품을 애용해주신 사사키 님에게만은 무료로 교환해드리겠습니다."

다고 털어놓았더니 대뜸 이런 말이 돌아왔다.

"나한테도 그렇게 말하면서 교환해주던데?"

'어라?' 하는 생각이 들어 인터넷으로 검색을 해봤더니, 고객 모두에게 똑같은 대응을 하고 있었다. 그뿐 아니라 여기저기에 'A사는 서비스가 너무 좋다!' 라는 글도 적혀 있었다. 요즘과 같은 시대에 이런 좋은 평판은 하루가 다르게 확산된다. 물론 나쁜 평판 또한 눈 깜짝할 새에 퍼진다.

기업이라면 A사처럼 고객과의 의사소통에 좀 더 진지하게 대처할 필요가 있다. 똑같은 제품을 제공하더라도 어떻게 말을 전달하느냐에 따라 기업의 이미지와 호감도는 물론 매출액이 바뀐다. 상품을 팔기 위해서는 광고도 중요하지만 영업사원 및 AS센터 직원의 의사소통 능력도 소홀히 해서는 안 된다.

## "일과 나, 어느 쪽이 더 중요한데?"라는
## 궁극의 질문에 대한 진심어린 전달의 기술

그녀는 화가 머리끝까지 나 있었다. 무리도 아니다. 제조 회사에 근무하는 나가이는 평일은 물론 토요일, 일요일에도 일만 한다. 가끔 만나면 늘 피곤에 절어 있다. '이래서야 사귄다고 할 수 있나' 라는 생각이 들 정도다. 그리고 마침내 그날이 왔다. 둘이서 저녁을 먹기로 한 금요일 밤이었다. 그런데 나가이가 도저히 빠져나올 수 없는 회의가 생겼다며 약속을 취소한 것이다.

다음 날 토요일, 두 사람은 함께 점심을 먹었다. 둘이 앉아 있는 자리에는 레스토랑의 점원조차 섣불리 다가설 수 없을 정도로 묘한 긴장감이 흘렀다. 기분 탓인지 컵 속의 물까지 찰랑찰랑 흔들리는 듯 보였다. 그리고 마침내 그녀가 굳게 닫혀 있던 입을 열었다.

"일과 나, 어느 쪽이 중요해?"

그때 만약 나가이가 궁색하게 "미안…. 그런데 나도 좋아서 그러는 게 아니잖아"라고 변명했다면 분명히 둘의 관계는 끝났을 것이다. 컵 속의 물이 출렁거릴 정도로 그녀는 핏대를 세우며 길길이 화를 냈을 것이다.

하지만 그때 나가이는 이렇게 말했다.

"미안. 누구보다도 유코에게만은 그런 식으로 보이고 싶지 않는데, 정말 미안해. 스스로 생각해도 한심하다."

뜻밖의 부드러운 말에, 그녀는 기분이 풀렸다. 그동안 서운했던 모든 감정이 봄눈 녹듯 녹아내렸다. 오히려 '내가 좀 심하게 말했나? 저 사람도 일 때문에 어쩔 수 없었던 건데…'라는 생각에 살짝 반성도 했다. 나가이가 자신을 소중하게 생각하고 있다는 사실을 알게 되자 그에 대한 애정이 이전보다 더 깊어지는 것 같았다.

나가이는 위기의 순간을 간발의 차이로 넘긴 셈이다. 하지만 그가 이런 결과를 노리고 입으로만 그렇게 말했다면 달랐을지도 모른다. 마음에서 우러난 말이었기에 가능하지 않았을까? 그랬기에 '상대를 콕 집어 한정하기' 방식이 최고의 효과를 낸 것이다.

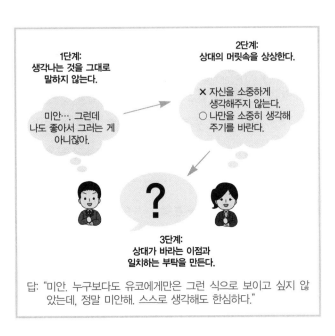

**1단계:**
생각나는 것을 그대로
말하지 않는다.

미안…. 그런데
나도 좋아서 그러는 게
아니잖아.

**2단계:**
상대의 머릿속을 상상한다.

✗ 자신을 소중하게
생각해주지 않는다.
○ 나만을 소중히 생각해
주기를 바란다.

?

**3단계:**
상대가 바라는 이점과
일치하는 부탁을 만든다.

답: "미안. 누구보다도 유코에게만은 그런 식으로 보이고 싶지 않
았는데, 정말 미안해. 스스로 생각해도 한심하다."

'상대를 콕 집어 한정하기'를 사용하면
자신만 선택되었다는 우월감을 느끼게 해주기 때문에
의도한 대로 일이 풀리기 쉬워진다.

## 6 팀워크화하기
**'함께'라는 말을 통해 동질감을 자극하면 절반은 성공**

가령 친구들이 "이번 모임, 간사 좀 맡아줄래?"라고 부탁하면 귀찮다는 생각이 먼저 들 것이다. 대개는 '네가 하면 되잖아'라고 반박하고 싶어지지 않을까.

그런데 "이번 모임, 나랑 같이 간사 맡아서 해볼까?"라고 제안을 해온다면? '그래, 도와줄게' 하는 마음이 생기는 법이다. '함께' 하자며 부탁을 하면 불쾌한 기분이 들기는커녕 은근히 기쁘기도 하다. 이것이 바로 예스를 얻어내는 방식 '팀워크화하기'의 힘이다.

"함께 해보면 어때?"라는 말을 들으면, 무슨 일이든 그 말 하나만으로도 기분이 좋아진다. 여자끼리 수다를 떨다가 "함께 화장실에 가지 않을래?"라고 누군가가 말하면 딱히 갈 필요가 없는데도 같이 가게 된다. 남자끼리도 "편의점에 같이 가지 않을래?"라고 하면 특별히 사야 할 게 없는데도 따라나서게 된다.

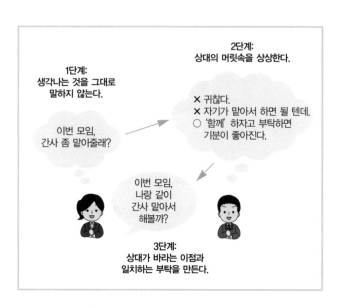

원래 사람은 누군가와 함께 무언가를 하는 것 자체를 본능적으로 좋아한다. 인간의 이 본능을 활용하면 귀찮은 일을 할 때도 상대를 움직이게 할 수 있다.

**혼란 상태에 빠진 시부야 교차로를 능숙하게 통제한 '디제이 폴리스'의 전달의 기술**

2013년 6월 4일. 그날 시부야 교차로는 열기로 가득 차

있었다. 월드컵 축구 최종 예선전에서 일본이 오스트레일리아에 0:1로 지고 있었다. 그런데 경기가 마무리되던 추가 시간에 혼다 게스케가 페널티킥을 차 넣었고, 브라질 월드컵 본선 진출권을 보란 듯이 거머쥐었다. 두 눈으로 보고도 믿을 수 없는 극적인 결과였다.

시부야 주변에서 술잔을 기울이며 응원하던 젊은 축구 팬들은 경기가 끝나자 흥분한 나머지 시부야 스크램블 교차로로 몰려들었다. 엄청나게 많은 사람이 교차로를 건너갔다. 모르는 사람끼리 서로 지나치면서 하이파이브를 하는 등 눈 깜짝할 사이에 인산인해를 이루면서 도로는 혼란 상태에 빠졌다. 그리고 그곳에는 교통정리를 맡은 한 경찰관이 있었다. 보통사람이라면 아마 그런 상황에서 이렇게 말했을 것이다.

"도로로 나오지 마십시오! 교통 법칙을 지켜주십시오!"

하지만 이런 말로는 월드컵 예선 통과라는 기쁨에 거나하게 취해 흥분 상태였던 사람들을 통제할 수 없었을 것이다. 그런데 그날 그 경찰관은 남달랐다. 훗날 '디제이 폴리스'라는 애칭으로 불리게 된 그는 마이크를 잡더니 축구 팬들에게 이렇게 외쳤다.

"여러분! 눈앞에서 인상을 잔뜩 쓰고 있는 경찰들도 일본 대표팀이 월드컵 출전권을 따내서 너무나 기쁩니다. 우리 경찰들도 여러분과 한 팀입니다. 팀 동료의 말에 귀를 기울여주십시오."

그러자 축구 팬들 사이에서 우레와 같은 박수 소리가 일어났다. 한순간에 축구 팬들의 마음을 휘어잡은 것이다.

'아, 팀 동료구나. 팀 동료의 말이라면 들어봐야지. 일본이 월드컵에 출전할 수 있었던 것도 팀워크가 좋았기 때문이니 말이야…'

젊은 축구 팬들은 이런 생각을 하지 않았을까. 그 경찰은 이른바 '팀워크화하기' 방식을 사용했던 것이다. 여기저기에서 "경찰 아저씨 파이팅!"을 연호했다. 그날 밤 시부야 교차로는 순식간에 인파로 뒤덮였지만 다행스럽게도 순조로이 통제되어 한 사람도 다치지 않았다.

나중에 이 디제이 폴리스는 경시총감상을 받았다. 인명을 구조한 사람에게 주어지는 명예로운 상인데, 사상 최초로 교통정리를 훌륭하게 해냄으로써 받은 것이다.

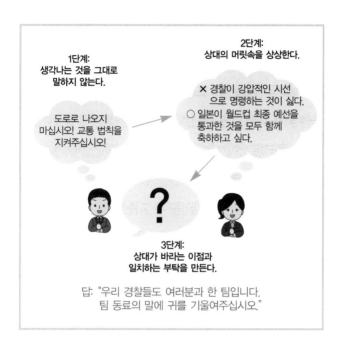

1단계:
생각나는 것을 그대로
말하지 않는다.

도로로 나오지
마십시오! 교통 법칙을
지켜주십시오!

2단계:
상대의 머릿속을 상상한다.

✕ 경찰이 강압적인 시선
으로 명령하는 것이 싫다.
○ 일본이 월드컵 최종 예선을
통과한 것을 모두 함께
축하하고 싶다.

?

3단계:
상대가 바라는 이점과
일치하는 부탁을 만든다.

답: "우리 경찰들도 여러분과 한 팀입니다.
팀 동료의 말에 귀를 기울여주십시오."

'팀워크화하기' 실천 사례 2

## 운동이라면 손사래를 치던 아빠를 움직이게 한 전달의 기술

대학생 마유미는 친구들이 부러워할 정도로 아빠와의 사
이가 돈독했다. 아빠는 다정다감한 성격이라서 마유미의
부탁이라면 무슨 일이든 대체로 흔쾌히 들어주는데, 아무
리 졸라도 먹히지 않는 일이 한 가지 있었다. 그것은 바로

운동이었다. 예전에는 운동을 즐겨 하던 아빠였는데, 지금은 회사와 집만 왔다 갔다 할 뿐이었다. 게다가 최근 회사에서 받은 건강검진에서 C등급 판정까지 받은 상태였다.

"아빠, 운동 좀 해요."

아빠의 건강이 걱정된 마유미와 엄마는 귀가 아프도록 권유했지만 아빠는 옴짝달싹도 하지 않았다. 나이를 먹고 나니 몸을 움직이는 것이 귀찮고 동기부여도 되지 않는 모양이었다. 그러던 어느 날 '말 조리법'을 알게 된 마유미는 밑져야 본전이란 생각으로 아빠한테 사용해보았다.

"어두워지면 나 혼자 운동하기 무서운데 같이 뛰어주실래요?"

이 말을 들은 아빠가 머리를 긁적거리면서 딸과 함께 뛰기로 한 것이다. 요지부동이었던 바위가, 그토록 무거웠던 엉덩이가 움직인 순간이었다. 이것은 '싫어하는 것을 피하도록 유도하기'와 '팀워크화하기'를 합친 전달의 기술로, 딸을 위험한 상태에 빠뜨리고 싶지 않았던 아빠의 마음이 '함께'라는 말을 들음으로써 움직인 것이다.

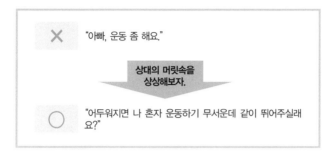

| ✕ | "아빠, 운동 좀 해요." |
|---|---|

상대의 머릿속을
상상해보자.

| ○ | "어두워지면 나 혼자 운동하기 무서운데 같이 뛰어주실래요?" |
|---|---|

그렇게 세 번 정도 함께 뛰고 나자 아빠가 마유미에게 "어때, 아빠 살 좀 빠진 것 같지 않냐?"라고 기대에 찬 시선으로 물어왔다. 그래서 '인정받고 싶어 하는 욕망 채워주기' 방식을 활용해 "아주 많이 달라졌어요!"라고 맞장구를 쳐주었더니, 무척이나 기쁜 듯 더욱 적극적으로 운동에 임했다. 한편 마유미도 체중이 2킬로그램이나 빠져서 턱선이 갸름해졌다. 이 또한 덤으로 얻은 뜻밖의 선물이었다.

'팀워크화하기'를 사용하면 동료 의식이 생겨
귀찮은 부탁도 들어주게 된다.

## 7 감사하기

**'고맙다'는 말 한마디가 친밀감을 불러일으키는 공략**

자기가 해야 할 일이 아닌데 선배가 "이 책상 좀 옮겨줘"라고 하면, '귀찮아', '왜 내가?' 하며 반발심이 생긴다. 그런데 이럴 때 "이 책상 좀 옮겨줄래? 고마워!"라고 부탁하면, 기꺼이 몸을 움직이게 된다.

그 비밀은 '고맙다'는 말 한마디에 있다. 사람은 '고맙다'는 말을 들으면 은근히 신뢰하는 마음이 생기게 된다. 그렇게 되면 아무래도 부탁을 거절하기 어려워진다. 이 것이 '감사하기' 방식의 효과다.

이 기술을 사용할 때는 '고맙다'는 말을 하는 타이밍이 중요하다. 부탁을 한 직후에 '고맙다'는 말을 해야 한다. 일반적으로는 무언가를 받은 다음에 '고맙다'고 말한다. 하지만 '감사하기'는 부탁을 하는 순간에 상대가 아직 아무것도 해주지 않은 상태에서 '고맙다'는 말을 먼저 하는 것이 요령이다. 심리학에서는 "사람은 호의를 받으면 그

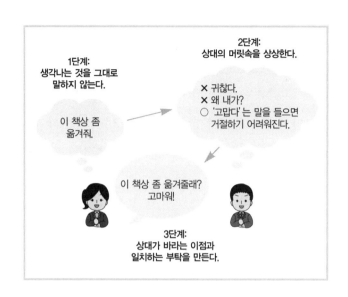

상대에게 호의를 돌려주고 싶은 마음이 생긴다"고 말한다. 누군가에게 은혜를 받으면 갚아주고 싶어진다는 뜻이다. 그래서 '고맙다'는 말을 들으면 그것만으로도 상대와 마음이 가까워지는 것이다.

"이 짐을 2층으로 옮겨주세요. 고마워요!"

"쓰레기 좀 버려주세요. 고마워요!"

"내일까지 답장을 주십시오. 감사합니다!"

이렇게 사용한다. 아주 간단한 기술이다. 누구에게라

도 사용할 수 있는데, 특히 평소에 '고맙다'는 말을 하지 않던 관계에서 더욱 큰 효과를 발휘한다. 이를테면 가족에게 '고맙다'는 말을 하지 않는 사람들이 수두룩하다. 너무나 가까운 관계이기 때문이다. 하지만 그런 상대에게야말로 '감사하기' 기술을 사용해보기를 권한다. 가족들 얼굴이 환해질 것이다.

**'감사하기' 실천 사례**

**물건값 깎기의 달인이 정가로 구매하게 된 전달의 기술**

전설적인 판매원 가와세 가즈유키. 그날은 현장에서 제품 사용법을 직접 보여주며 판매하는 행사가 있었다. 그는 판매 조력자로서 판매장 뒤쪽에 서 있었다. 먼저 후배 판매원이 재미있는 말투로 상품을 소개하며 사람들을 끌어모았고, 이윽고 상품이 팔려나가기 시작했다.

그때 유명한 '가격 깎기의 달인'이 나타났다. 후배의 설명을 듣고 제품에 구미가 당겼는지 바로 가격을 깎기 시작했다. 그렇지만 원래 정가에 판매하게 되어 있었기에 "죄송합니다. 가격을 깎아드릴 수는 없습니다"라고 하며 후배 판매원이 도리도리 고개를 저었다. 물론 다양한 곳에서 가격을 깎아왔던 가격 깎기의 달인이었기에 그 정도의 말에 순순히 물러서지 않았다. 제품의 비뚤어진 인쇄 상태를 지적하는 등 다양한 각도로 접근하며 가격을 깎으려고 시도했다.

그때 진땀을 흘리는 후배를 뒤쪽에서 보고 있던 가와세가 슬쩍 앞으로 나섰다. 후배 판매원을 대신해서 상품의 매력을 다시 설명해줬다. 그리고 주머니에 손을 넣었다가 주먹을 쥔 상태로 꺼내더니, 그 상품에 '보이지 않는 뭔가'를 소중하게 올려놓는 동작을 했다. "어? 뭐지?" 하며 가격 깎기의 달인이 상품을 가만히 들여다보았다. 그 순간 가와세가 이렇게 말했다.

"저의 진심을 더해드렸는데 어떻게 안 되겠습니까? 감사합니다!"

이 말을 들은 가격 깎기의 달인은 "이 아저씨, 재미있네, 재미있어" 하며 웃음을 터트렸다. 그러더니 선뜻 정가에 구매해서 돌아갔다.

가와세는 '감사하기' 방식을 사용했던 것이다. 간청하

듯 부탁을 한 직후에 '감사합니다'를 덧붙인 것은 물론, 가와세는 거기에다 상품에 진심을 올려놓는 시늉까지 해 보였다. 고객으로서도 뭔가 이득을 본 듯한 기분이 되었으리라. '감사'하는 마음이 돈을 넘어선 순간이었다.

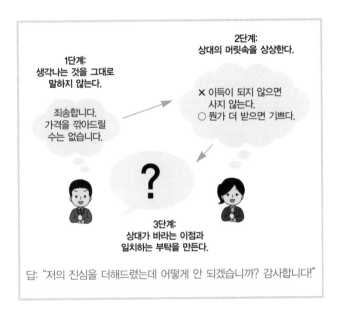

1단계:
생각나는 것을 그대로 말하지 않는다.

죄송합니다. 가격을 깎아드릴 수는 없습니다.

2단계:
상대의 머릿속을 상상한다.

✕ 이득이 되지 않으면 사지 않는다.
○ 뭔가 더 받으면 기쁘다.

?

3단계:
상대가 바라는 이점과 일치하는 부탁을 만든다.

답: "저의 진심을 더해드렸는데 어떻게 안 되겠습니까? 감사합니다!"

'감사하기'를 사용하면 은근한 신뢰 관계가 생겨 상대가 가볍게 거절하기 어려워진다.

## 전달력 테스트 2

당신의 전달력은 어느 정도일까?

당신이 의사소통을 하면서 손해를 보고 있는지 어떤지를 쉽게 알 수 있는 질문이 있다. 다음 질문에 '예스' 또는 '노' 로 대답해보자.

### Q. 오늘 '고맙다' 는 말을 한 적이 있는가?

이를테면 편의점에서 상품을 건네받을 때 "감사합니다" 라고 말한 것도 해당한다. 오늘 누구에게 '고맙다' 는 말을 건넨 일이 있는가? 감사의 말을 한 기억이 있는 사람은 상관이 없지만, 그런 기억이 없는 사람은 의사소통을 하면서 손해를 볼 가능성이 크다!

사람이 '고맙다' 고 말할 수 있는 타이밍은 평균적으로 하루에 31회나 있다고 한다. '고맙다' 는 말은 당신과 상대가 가까이 다가설 수 있게 해준다. "짐을 옮겨줘서 고마워요!" 라고 감사의 인사를 해주면, 상대는 기분이 좋아지고 호감을 갖게 된다. 하루에 31회 있는 타이밍마다 '고맙다' 는 말을 건넬 수 있다면, 그 사람은 전달법의 달인이 되는 첫걸음을 디딘 것이다. 별것 없다. '고맙다' 는 말을 하는 것뿐이다.

## '예스'로 바꾸는 7가지 방식 핵심 포인트

① '상대가 좋아하는 것 파악하기'를 사용하면 호감도 얻고 자신이 원하는 바도 이룰 수 있다.

② '싫어하는 것을 피하도록 유도하기'를 사용하면 좀처럼 말을 듣지 않는 사람조차 말을 듣게 할 수 있다. 전달법의 가장 마지막 수단이다.

③ '선택의 자유 주기'를 사용하면 강제로 시킨다는 느낌을 주지 않고 상대를 움직일 수 있다.

④ '인정받고 싶어 하는 욕망 채워주기'를 사용하면 만만치 않은 상대도 기대에 부응하고자 노력하게 된다.

⑤ '상대를 콕 집어 한정하기'를 사용하면 자신만 선택되었다는 우월감을 느끼게 해주기 때문에 의도한 대로 일이 풀리기 쉬워진다.

⑥ '팀워크화하기'를 사용하면 동료 의식이 생겨 귀찮은 부탁도 들어주게 된다.

⑦ '감사하기'를 사용하면 은근한 신뢰 관계가 생겨 상대가 가볍게 거절하기 어려워진다.

# '노'를 '예스'로 바꾸는
# 전달의 기술 강의

'전달의 기술' 강의에 오신 것을 환영합니다. 잘 부탁드립니다. 자 그러면, 실생활에서 전달의 기술을 사용해볼까요? 전달의 기술을 몸에 익히기 위해서는 직접 해보는 것이 가장 빠른 길이죠. '노'를 '예스'로 바꾸는 기술을 활용해 봅시다.

　과제는 다음과 같습니다. 실제로 해보면 의외로 간단하다는 걸 알게 될 겁니다.

## 과제 1: 함께 식사하고 싶다면?

좋아하는 사람이 있습니다. 함께 식사를 하고 싶은데 항상 약속이 잡혀 있는 듯해서 벙어리 냉가슴 앓듯 전 전긍긍하고 있습니다. 어떻게 말하면 함께 식사할 수 있을까요?

저는 이런 과제를 무척 좋아합니다. 여러분 중 누군가의 인생이 바뀔 수도 있기 때문이죠(웃음). 남녀가 친해지는 첫걸음은 함께 식사를 하는 것입니다. 하지만 첫마디가 이만저만 어려운 게 아니죠. 대부분 쭈뼛쭈뼛 다가가 이렇게 말합니다.

"저기…, 저랑 언제 식사 좀 하지 않을래요?"

이처럼 직접적으로 말하는 것보다 말 조리법을 응용해서 의사를 전달하면 가능성을 한층 높일 수 있습니다. 자, 모두 생각을 해보세요.

1단계, 여기에서도 생각나는 것을 그대로 말해서는 안 됩니다.

2단계, 상대의 머릿속을 상상합니다. 가령 '함께 식사를 하자는 사람들이 많다', '맛있는 음식을 먹으러 다니는 걸 좋아한다', '좀처럼 갈 수 없는 곳에 가보고 싶다'가 상상될 수 있겠지요.

그런 다음 3단계를 생각해봅니다. 상대가 바라는 이점과 일치하는 부탁을 만드는 것이죠.

자, 그럼 시작해보세요!


힌트는 '예스'로 바꾸는 7가지 방식에 있습니다. 이 중 어떤 것을 사용해도 상관이 없습니다. 몇 가지를 써보고 상대의 마음을 가장 쉽게 움직일 수 있는 기술을 선택하면 됩니다.

그러면 발표를 해볼까요? 야마구치 씨.

## '예스'로 바꾸는 7가지 방식

① **상대가 좋아하는 것 파악하기**
  × "죄송합니다만, 그 셔츠는 진열된 상품뿐입니다."
  ○ "인기가 좋아 마지막 한 벌 남았네요."

② **싫어하는 것을 피하도록 유도하기**
  × "전시물에 손대지 말아주세요."
  ○ "약품을 발라놓았으니 만지지 마세요."

③ **선택의 자유 주기**
  × "디저트를 주문하시겠습니까?"
  ○ "디저트는 망고 푸딩과 녹차 라테가 있는데, 어떤 걸로 하시겠습니까?"

④ **인정받고 싶어 하는 욕망 채워주기**
  × "창문 좀 닦아줘."
  ○ "당신은 키가 커서 높은 곳까지 손이 닿으니 깨끗하게 닦을 수 있잖아. 부탁 좀 할게."

⑤ **상대를 콕 집어 한정하기**
  × "회식에 참석해줘."
  ○ "이시카와, 자네만은 꼭 와주었으면 좋겠는데."

⑥ **팀워크화하기**
  × "이번 모임, 간사 좀 맡아줄래?"
  ○ "이번 모임, 나랑 같이 간사 맡아서 해볼까?"

⑦ **감사하기**
  × "이 책상 좀 옮겨줘."
  ○ "이 책상 좀 옮겨줄래? 고마워!"

**야마구치** 네. 상대가 좋아하는 것 파악하기를 사용해서 ❶을 만들었습니다.

좋아요. 이 표현은 '한번 가보고 싶다!'는 마음이 생기게 하네요. 단 한 가지, '상대가 좋아하는 것 파악하기'를 사용했는데, '단골 레스토랑'은 상대가 좋아하는 곳일지 어떨지 걱정이 되네요. 좀더 확실하게 '상대가 좋아하는 것'으로 해보면 어떨까요? 가령 ❷처럼요.

함께
식사했으면
좋겠다.

① 상대가
좋아하는 것
파악하기

정말 맛있는 레스토랑이 곧 문을 닫는데,
그 전에 가보지 않을래요?

**야마구치** 와아 그러네요. 이렇게 말하면 같이 가줄 것 같은 느낌이 드네요!

자신이 아니라 상대가 무엇을 좋아하는지를 생각하면 답이 나옵니다. 직접적으로 "함께 식사 좀 할래요?"라고 말하는 것보다 가능성이 훨씬 크다는 사실을 알 수 있을 것입니다.

다음은 마쓰이 씨, 부탁드립니다.

**마쓰이** 네. 저는 ❸과 같이 써보았습니다.

함께
식사했으면
좋겠다.

① 상대가
좋아하는 것
파악하기

하와이에서 들어온 팬케이크 집이
얼마 전에 생겼습니다.

① 상대가
좋아하는 것
파악하기

지금 가면 자리가 있을 텐데
가보지 않을래요?

네, 좋은 표현이네요! 저라면 가보고 싶습니다. 마쓰이 씨
는 '상대가 좋아하는 것 파악하기' 방식을 두 번 사용해
서 표현했네요. 좀처럼 갈 수 없는 곳에 가고 싶어 하는
사람이니 '하와이에서 들어온 새로 생긴 팬케이크 집'과
'지금 가면 자리가 있을' 거라는 말에 호기심이 동할 것
입니다. 마쓰이 씨가 발표한 내용을 저는 ❹와 같이 바꿔
보았습니다.

'상대가 좋아하는 것 파악하기'와 '선택의 자유 주기'를
활용해서 만들어봤습니다. 사람은 여간해서는 '예스'라
고 말하기 어려운 일이라도 두 개 이상 제시하고 '어느
쪽이 좋냐'고 물어보면, 무심코 둘 중 하나를 선택하게
되는 법입니다. 단 레스토랑은 '자신이' 가고 싶은 곳이
아니라 '상대'가 가고 싶어 하는 곳으로 정해서 두 곳을
제시해주세요.

여기서는 '좀처럼 갈 수 없는 곳에 가보고 싶어 하는'
상대의 마음을 생각하고, '우주식'과 '학교 급식'을 내세
웠습니다. 물론 100%의 확률은 아니지만 "저기, 이번 주

에 식사를 함께하지 않을래요?"라고 직접적으로 말하는 것보다 '예스'를 받을 확률을 훨씬 높일 수 있습니다.

이 과제의 포인트는 다음과 같습니다.

'생각나는 대로 말하면 쉽게 움직이지 않는다. 상대의 머릿속을 상상해서 말한다.'

사람은 자기도 모르게 '생각나는 대로' 전달하기 쉬운데, 그러면 일이 제대로 풀리지 않는 경우가 있습니다. 중요한 부탁은 '상대의 머릿속을 상상해서' 전달해보세요.

그럼 다음 과제로 넘어가겠습니다.

### 과제 2: 부하직원이 보고를 정확하게 하기를 바란다면?

부하직원 무라야마, 그는 보고 내용이 명확하지 못합니다. 어떻게 말하면 무라야마가 보고를 정확하게 하게 될까요?

부하직원이 어떤 일을 하고 있는지 알아두고 싶은데, 귀찮기 때문인지 아니면 관리받고 싶지 않아서인지 두루뭉

술하게 보고를 합니다. 어떻게 말을 전달하면 무라야마가 정확하게 보고할 수 있게 될까요? 자, 그럼 시작해보세요!

발표를 부탁드립니다. 도쿠나가 씨.

**도쿠나가** 네, 저는 실제로 ❺와 같이 말하고 있습니다.

부하직원이 보고를 정확하게 했으면 좋겠다.

② 싫어하는 것을 피하도록 유도하기

보고를 정확하게 해놓지 않으면
일이 잘못되었을 때 자네 책임이 되네.

감사합니다. '싫어하는 것을 피하도록 유도하기'를 사용했네요. 이렇게 말하면 분명히 '보고를 제대로 하지 않으면 큰일 나겠는데…'라고 생각할 것 같습니다. 다만 '싫어하는 것을 피하도록 유도하기'는 최후의 수단이므로 저는 되도록 사용하지 않습니다.

**도쿠나가** 최후의 수단으로 말이죠?

네. '싫어하는 것을 피하도록 유도하기' 방식은 강력해서 어지간한 상대도 움직이게 할 수 있는 힘을 발휘합니다. 하지만 이것은 유일하게 부정적인 방법이기도 합니다. 저라면 같은 내용이라도 다른 방식으로 전달해보겠습니다. 가령 ⑥처럼 말이죠.

---

부하직원이
보고를 정확하게
했으면 좋겠다.

**⑥**

① 상대가
좋아하는 것
파악하기

누구나 실수는 하게 마련이니
그 전에 내가 도와줄 수 있도록
보고를 정확하게 해두도록.

---

'상대가 좋아하는 것 파악하기'를 사용해서 전달한 표현입니다. 이 밖에도 '인정받고 싶어 하는 욕망 채워주기', '감사하기' 방식도 유용하겠네요. 가능한 한 '문책을 당

하지 않기 위해서 해야겠다'고 소극적으로 선택하는 것보다 '스스로 하고 싶어서 할 수 있도록' 적극적으로 선택할 수 있게 전달하는 편이 좋습니다. 그래도 바뀌지 않는다면 '싫어하는 것을 피하도록 유도하기'를 사용하는 것입니다. 이 과제를 저는 ❼과 같이 적어보았습니다.

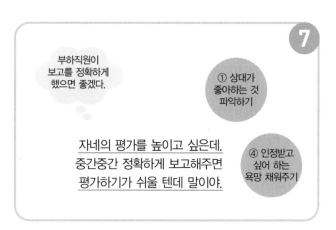

'상대가 좋아하는 것 파악하기'와 '인정받고 싶어 하는 욕망 채워주기'를 활용해서 만든 표현입니다. 직접적으로 '정확하게 보고해라'고 지시하면, '귀찮은 일이 늘었네'라고 생각하기 십상입니다. 하지만 이처럼 말을 해주면 스스로 보고를 해야겠다는 마음이 생기지 않을까요?

**도쿠나가** 조금 전의 과제를 보고 든 생각인데, 두 가지 이상의 기술을 사용해도 상관없나요?

네. 물론입니다. 몇 가지를 사용하든 상관없습니다. 오히려 한 가지를 사용하는 것보다 몇 가지 방식을 조합해서 사용하는 편이 더 효과적입니다.

**도쿠나가** 질문이 하나 더 있습니다. 이렇게 참고 사례를 토대로 생각하면 만들 수 있는데, 막상 말을 하려고 할 때는 전달법이 잘 생각나지 않습니다. 어떻게 하면 좋을까요?

좋은 질문이네요. 그럴 때는 좋은 방법이 있습니다. 우선 이메일이나 SNS 등으로 연습을 하는 것입니다. 얼굴을 마주 보고 갑자기 '말 조리법'을 활용하기는 어렵기 때문입니다. 그런데 글로 써서 전달하는 것이라면 생각을 한 뒤 만들어서 보내줄 수 있기 때문에 연습하기에 안성맞춤입니다. 자꾸 의식해서 사용하다 보면 얼굴을 마주하고도 쓸 수 있게 됩니다.

여기서 포인트는 다음과 같습니다.

'비즈니스 상황에서는, '상대가 좋아하는 것 파악하기', '인정받고 싶어 하는 욕망 채워주기'가 효과 만점이다.'

'상대가 좋아하는 것 파악하기', '인정받고 싶어 하는 욕망 채워주기' 이 두 가지 방식은 비즈니스 상황에서 유용하게 쓸 수 있습니다. 함께 일하는 사람과의 관계를 양호하게 해줄 뿐만 아니라 자신이 도달하고 싶은 곳으로 갈 수 있게 해줍니다. 비즈니스 관계는 사무적이며 차갑다는 이미지가 있지만, 그래서 더더욱 상대의 머릿속을 상상하는 힘이 중요합니다. 당신의 주위에 있는 일 잘하는 사람의 전달법을 신경 써서 살펴보세요. 이 두 가지 방식을 자주 사용하고 있을 것입니다.

그러면, 마지막 과제입니다. 상사에게 전달하는 말에 대해 연습해볼까요? 이건 정말 쓸모가 많습니다!

## 과제3: 상사에게 조언을 받고 싶다면?

업무 문제로 고민하고 있는데, 상사인 도야마는 늘 바빠서 좀처럼 시간을 내주지 않습니다. 어떻게 말하면 시간을 내줄까요?

항상 눈코 뜰 새 없이 바쁘게 일하기 때문에 말을 걸기 어려운 상사가 있습니다. 또는 상사와의 관계가 매끄럽지 않은 사람도 있을 것입니다. 실제 이런 문제로 상담을 받는 경우가 종종 있습니다. 어떻게 전달하면 좋을지 다 함께 생각해봅시다. 역시 생각나는 대로 말해서는 안 됩니다. 상사가 스스로 시간을 내고 싶어지도록 하기 위해서는 어떻게 전달하면 좋을지 생각해보세요.

자, 시작합니다. 발표해주세요, 마스다 씨.

**마스다** 네. ❽과 같이 '상대를 콕 집어 한정하기'를 사용해보았습니다.

상사에게
조언을
받고 싶다.

⑤ 상대를
콕 집어
한정하기

결정될지 안 될지 알 수 없는 긴박한 안건이 있습니다.
<u>도야마 선배님에게</u> 조언을 받고 싶습니다.

좋은 방법입니다. 분명히 이처럼 말하면 상사도 시간을 내줄 것입니다. '결정될지 안 될지 알 수 없는 긴박한 안건'도 굳이 말하자면 '상대가 좋아하는 것 파악하기'를 활용한 표현입니다. 하지만 '상대를 콕 집어 한정하기' 방식에 중점을 뒀으니 그 점을 좀 더 알기 쉽게 해봅시다. ❾처럼 말이죠.

결정될지 안 될지 알 수 없는 긴박한 안건이 있습니다.
그래서 특히 도야마 선배님에게 조언을 받고 싶습니다.

⑨에서는 '특히 도야마 선배님에게' 라고 말함으로써 다
른 누군가가 아니라 도야마 선배님에게 부탁한다는 사실
을 전달하고 있습니다. 상대는 한층 더 부탁을 들어주고
싶어질 것입니다. 사람은 '자신이 특별한 취급을 받고 있
다!' 라는 느낌을 받으면, 선뜻 고개를 끄덕여주고 싶어지
는 법입니다.

**마스다** 사실은 저에게도 왠지 다가가기 어려운 상사가 있
습니다.

그렇군요. 누구든 '왠지 불편한' 상사가 있게 마련입니

다. 마스다 씨, 그 상사가 무엇을 생각하고 있는지 생각해 본 적이 있나요?

**마스다** 그러니까 그게…, 그다지 없었던 것 같습니다.

그렇죠, 내심 불편한 상사에 대해서는 그가 어떤 생각을 하는지 상상해본 적이 없을 것입니다. 의사소통의 기본 은 '상대에 대해서 얼마나 상상할 수 있는가'입니다. 가 까이 다가가기 어려운 상사가 무엇을 생각하고 있는지를 상상하다 보면 관계도 점점 좋아질 것입니다. 이 과제를 저는 ⑩과 같이 적어보았습니다.

상사에게
조언을
받고 싶다.

④ 인정받고
싶어 하는
욕망 채워주기

도야마 선배님처럼 될 수 있도록 열심히 일하고 싶습니다.
제 얘기 좀 들어주시겠어요?

'인정받고 싶어 하는 욕망 채워주기'를 사용한 표현입니다. 사실 상사는 누구라도 불안한 마음을 가지고 있습니다. '나는 부하직원들에게 정말 신뢰받고 있는 걸까?'라는 생각을 하죠.

예전에 이런 일이 있었습니다. 어느 상장기업의 저명한 사장과 만났는데 그가 이렇게 털어놓더군요. "사실 나는 늘 불안해요. 사원들이 정말 나를 신뢰하고 있는지 알 수가 없어서."

순간 소스라치게 놀랐습니다. 이렇게 유명한 기업의 사장도 부하직원이 자신을 어떻게 생각하고 있는지 불안한 걸까, 싶어서 말이죠. '부하직원에게 신뢰받고 있는가?' 하는 불안은 상사라면 누구나 갖고 있는 겁니다.

이 과제의 포인트는 이것입니다.

'상사야말로 인정을 받고 싶다. 부하직원이 대화의 물꼬를 터주어야 관계는 물론 일도 순조롭게 진행된다.'

사장이든 부장, 과장, 현장 책임자든 부하직원을 두고 있는 사람은 누구라도 불안한 마음을 갖고 있습니다. 상사야말로 부하직원에게 인정을 받고 싶어 하는 사람입니다. 이 사실을 대부분의 부하직원은 모릅니다.

　여러분도 상사에게 부드러운 얼굴로 말해보세요. "선배님을 신뢰하고 있습니다", "선배님에게 배우고 싶습니다"라고 말이죠. 그러면 상사는 당신을 응원하고 싶어질 것입니다. 물론 상사와의 관계도 좋아집니다. '인정받고 싶어 하는 욕망 채워주기'는 상사가 부하직원에게 하는 것으로 생각하기 십상이지만 사실은 부하직원이 상사에게 활용할 수 있는 매우 효과적인 접근법입니다.

제2장

**완벽하게 몸에 익히자!**

—

# '강한 말'을
# 만드는 기술

## 마음을 움직이는
## 말 조리법은 따로 있다

**천재가 아니어도 조리법의 순서를 잘 따르면
'강한 말'을 만들 수 있다**

말을 전달하는 것은 요리를 만드는 것과 똑같다. 가령 혀
에 착착 감기는 맛있는 요리를 먹었다고 하자. 이것은 마
법으로 만들어진 것이 아니다. 다 조리법이 있다. 프로와
완전히 같은 맛을 내기는 어렵겠지만, 조리법이 있으면
집에서도 프로의 맛을 낼 수 있다. 조리법만 알아도 요리
수준이 눈에 띄게 향상되는 것이다.

　볶음밥을 만들 때도 그렇다. 재료를 '밥알처럼 잘게
썰어서 넣는' 요령을 알고 있으면, 씹는 맛이 좋아지고

재료와 밥이 조화롭게 섞이도록 할 수 있다. 또한 똑같은 재료를 사용하더라도 칼질을 어떻게 하느냐에 따라, 간을 어떻게 맞추느냐에 따라 맛이 달라진다.

만약에 맨손으로 시작한다면 프로의 맛에 도달하기 위해서는 수십 년이 걸리지도 모른다. 하지만 프로가 만든 조리법이 있다면 지금 당장에라도 멋진 요리를 만들 수 있다. 이처럼 요리에도 조리법이 있듯이, 말에도 조리법이 있다. 내가 18년 동안 말과 씨름하며 시행착오를 거듭해온 끝에 터득한 '말 조리법'과 사례를 이 책에서 소개한다.

## 사람을 움직이는 인물은 '강한 말'을 갖고 있다

**동서고금을 막론하고 성공한 사람들의 공통점**

**"저는 싫어하더라도 AKB는 싫어하지 말아 주십시오!"**

아마도 일본에서 이 명언을 모르는 사람은 없을 것이다. AKB48(2005년에 결성된 일본의 131인조 여성 아이돌 그룹—옮긴이) 출신의 마에다 아쓰코가 AKB48 선발 총선거에서 최고로 뽑혔을 때 한 말이다. 센터의 자리에서 활동해왔던 그녀가 그룹에 대한 책임감으로, 또한 안티 팬들의 소리에 귀를 기울이며 그룹을 당부하는 마음으로 이 말을 했고 오랫동안 회자가 되었다.

**"머리카락이 후퇴하고 있는 것이 아니다. 내가 전진하고 있는 것이다."**

"손정의의 머리카락이 엄청나게 후퇴하고 있네"라는 트위터의 글을 보고, 손정의가 응수한 말이다. 항상 최전선을 달리고 있기에 할 수 있었던 말이 아닐까. 이 뛰어난 유머 감각을 보고 손정의를 좋아하게 된 이들도 꽤 많았을 것이다.


**"인생은 가까이서 보면 비극, 멀리서 보면 희극이다."**

희극왕이라고 불렸던 찰리 채플린은 단순한 희극이 아니라 서민의 애수와 눈물, 사회풍자가 담긴 영화를 만들었고 보여주었다. 비관적인 분위기가 만연하던 세상에 웃음을 선사하면서 이런 강렬한 명언을 남겼다.


**"의미가 없는 듯한 일에 의외로 의미가 있는 것이다."**

시나리오작가 스즈키 오사무의 책 《TV의 눈물》에 나오는 말이다. 잔뜩 찡그린 여배우를 결국은 웃게 만든 수완 좋은 PD. '저렇게까지 할 필요가 있을까' 라는 생각이 들

정도로 열심히 여배우를 달래는 연출자의 모습을 보고
감동해서 한 말이다.

**"카리스마보다 평범한 편이 좋다."**

언론매체가 자신을 가리켜 '카리스마가 있다' 고 소개하
는 것을 보고 후지타 스스무가 한 말이다. 그의 책《후지
타 스스무의 사업학》에서 발췌한 것으로, 오히려 의식적
으로 '평범함' 을 추구하고 있고 소중하게 생각하고 있다
는 뜻이다. 카리스마 경영자를 따르는 수동적인 사람들
보다 우수한 사람들이 모여 있는 회사를 만들고 싶다는
의미에서 남긴 말이다.

역사상의 인물이든, 현대의 기업가나 리더든 성공한 사
람들은 모두 '강한 말' 을 갖고 있다. 무언가를 달성하기
위해서는 그 계획에 찬성해줄 사람이 필요하며, 그러기
위해서는 마음을 움직일 수 있는 말이 절대적으로 필요하
다. 어쩌면 보통 사람들은 이런 유명한 사람들의 말은 흉
내 낼 엄두도 내지 못할 것이다. 하지만 말 하나하나를 살

펴보면 일정한 법칙이 눈에 들어온다. 이를 응용하면 우리도 잘 써먹을 수 있다.

앞에서 소개한 역사상의 인물이나 이 시대의 기업가가 내던진 명언들은 '공통된 기술'로 만들어져 있다. 채플린에서부터 후지타 스스무의 말까지, 다시 한 번 찬찬히 살펴보기 바란다. 이미 눈치를 챘으리라 보는데, 모두 '반대 의미를 지닌 단어'를 사용하고 있음을 알 수 있다.

- 저 ↔ AKB
- 후퇴 ↔ 전진
- 비극 ↔ 희극
- 의미가 없는 듯한 ↔ 의미가 있다
- 카리스마 ↔ 평범

반대의 표현을 사용한 말은 강한 인상을 남긴다. 뒤에서 자세하게 설명하겠지만, '갭 만들기'라는 전달의 기술을 사용하고 있는 것이다. 이 기술을 익히면 강한 말을 만들 수 있다. 요컨대 당신도 기억에 남을 만한 명언을 만들 수 있다.

**요리 조리법과 같다고 생각하면 누구라도 만들 수 있다**

책을 읽거나 영화를 보다 보면 마음을 뒤흔드는 말을 만날 때가 있다. 그것은 결코 마법에 의한 것이 아니다. 말을 만드는 법을 알고 단련하면 누구라도 그런 말을 할 수 있다.

눈을 감고 상상해보자. 당신이 SNS에 올린 글에 '좋아요!'가 부쩍 늘어나고, 훌륭한 기획서로 상사를 감탄시키고, 청중이 당신의 이야기에 몰입하는 모습을 말이다.

흔히 이런 의사소통 능력을 타고난 언어 감각으로 설명하곤 하는데, 이 책에서는 '기술'로 설명한다. 조리법을 보면 요리를 만들 수 있듯이 '말 조리법'을 알면 누구라도 마음을 움직이는 말을 만들어낼 수 있기 때문이다. 자, 드디어 이제부터 흥미진진해진다.

서프라이즈 말 넣기
### 10초 만에 만들 수 있는, 당장 효과를 볼 수 있는 기본적인 기술

눈 깜짝할 사이에 만들 수 있는 기술이다. '강한 말'을 만드는 기술 중에서도 가장 기본 중의 기본으로, 전하고 싶은 말에 놀라움을 나타내는 표현을 넣기만 해도 인상적인 말이 될 수 있다.

**"잠깐, 기다려!"**

드라마 〈러브 제너레이션〉에서 기무라 타쿠야가 등을 돌리고 떠나려고 하는 여주인공에게 외친 말이다. "기다려!"라고만 해도 충분히 전달되지만, '잠깐'이란 말을 기무라 타쿠야 특유의 발음으로 강하게 외쳤다. 그럼으로써 독특한 뉘앙스가 생겨나 당시 큰 유행어가 되었다. 수많은 드라마에서 이 말을 따라 했고, 한때 기무라 타쿠야를 상징하는 말이 되기도 했다.

## 전미가 경악했다!

영화 등의 광고 문구로 종종 사용되는 표현이다. 이 표현만 봐도 어떤 영화인지 궁금해지고, 꼭 봐야 할 영화 후보 중 하나가 된다. 그런데 사실 이 문장은 '미국에서 개봉되었다', '반전이 있는 이야기다' 정도의 뜻일 뿐이다. 당연히 모든 미국인이 보고 경악한 영화가 아니다.

## 깜짝 놀라는 다메고로

1960년대 후반에 인기를 끈 TV 시리즈물의 한 코너 이름이다. 이 표현에는 서프라이즈 말이 두 개나 들어 있다. '깜짝'과 '놀라는'이다. 개그 코너의 이름을 그냥 '다메고로'라고만 했다면 독특하다는 느낌만 주었을 것이다. 하지만 서프라이즈 말이 들어감으로써 시대를 초월해서 사람들의 기억에 남는 표현이 되었다.

## "오오! 마음의 친구요."

만화 〈도라에몽〉에 등장하는 자이안(퉁퉁이)이 하는 말이다. 자이안은 항상 거칠게 행동하지만, 가수가 되는 꿈을 응원해주면 갑자기 태도가 바뀌면서 이 말을 외친다. '마음의 친구요' 라는 말만으로도 충분할 것 같은데 '오오!' 를 넣음으로써 인상적인 느낌이 한층 강해졌다.

## 와아! 가격 이상

'일본의 이케아' 라 불리는 니토리의 캐치프레이즈다. '가격 이상' 이란 가격에 비해 품질이 좋은 상품이란 뜻인데, 여기에 '와아' 라는 표현을 넣어서 놀라움을 더해준다. 한편 '가격이 이상할 정도로 저렴하다' 는 의미로 해석될 수 있다는 점도 노림수 중 하나다.

이런 표현은 '서프라이즈 말 넣기' 기술을 활용한 것들이다. 일반적으로 사람들은 깜짝 이벤트를 좋아한다. 똑같은 선물이라도 예기치 못한 상황에서 받게 되면 더욱 강한 인상을 줄 수 있다.

생일파티가 좋은 예다. 보통 생일파티는 해주기만 해도 기분이 좋은 법이다. 그런데 몰래 준비해놓고 숨어 있다가 당사자가 문을 열고 들어왔을 때 느닷없이 나타나

축하해준다면, 몇 배나 더 큰 감동을 받게 될 것이다.

알고 보면 똑같은 생일파티인데도, 케이크도 같고 사람들도 같은데도, 그럼에도 깜짝 이벤트로 축하해준 생일파티가 더 기억에 남는 것처럼 말도 마찬가지다. 놀랐을 때 튀어나오는 말을 사용하면, 그것만으로도 사람들의 시선을 끌 수 있다.

여기 '서프라이즈 말 넣기' 조리법을 소개한다.


① 전달하고 싶은 말을 정한다.
② 감정을 증폭하는 한마디를 넣는다.


이게 전부다. 이제 '커다란 다코야키'를 '서프라이즈 말 넣기' 조리법으로 탈바꿈시켜보자.


① 전달하고 싶은 말을 정한다.
   → 여기서는 '커다란 다코야키'로 하자.
② 감정을 증폭하는 한마디를 넣는다.
   → '와아', '깜짝', '놀랐다' 등을 넣어보자.

▨ **Before** '커다란 다코야키'

▨ **After** '와아, 커다란 다코야키'

강한 인상을 주는 쪽은? 한눈에 알 수 있다. 여기서 '서프라이즈 말'이란 놀라움을 표현하는 단어를 가리킨다. 이를테면 "와아", "아", "깜짝", "그렇지" 등 당신이 놀랐을 때 외치는 말이다. 사람에 따라 다양한 표현 방식이 있을

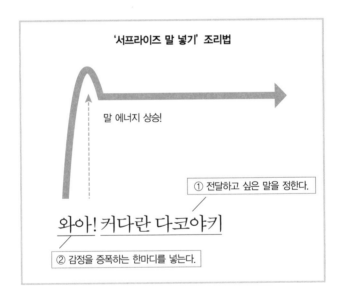

**'서프라이즈 말 넣기' 조리법**

말 에너지 상승!

① 전달하고 싶은 말을 정한다.

와아! 커다란 다코야키

② 감정을 증폭하는 한마디를 넣는다.

터이며 무엇을 쓰든 상관없다.

참고로, 서프라이프 말 목록을 만들어놓았다. 이 표현을 그대로 사용해도 좋고, 당신의 소리를 사용해도 좋다.

— **[서프라이즈 말 넣기 표현 목록]**

아, 와아, 그렇지, 깜짝, 호오, 그렇구나!, 어어, 에!?, 우와, 놀랐어, 정말!?, 믿을 수 없어!

그럼 이제부터 실천 사례를 통해 '서프라이즈 말 넣기' 기술을 단련해보자. 일반적으로 다음과 같이 활용한다.

`'서프라이즈 말 넣기' 실천 사례 1`

**만화 속의 명대사에서 찾은 전달의 기술**

'루피의 명대사'라고 하면 아마도 모르는 사람이 없지 않을까. 《원피스》는 일본에서 한때의 붐이 아니라 하나의 문화 현상이 된 대표적인 만화다. 주인공 루피는 '이 세상의 모든 것을 손에 넣는 해적왕'이라는 칭호를 거머쥐겠다고 선언한다. 그때 외치는 말은 의미상으로 보면 다음과 같다.

"난 해적왕이 될 거야."

이렇게만 써도 의미는 완전하게 전달된다. 하지만 이렇게만 표현했다면 분명히 명언은 되지 못했을 것이다. 실제로는 이렇게 말한다(물론, 만화여서 차이가 두드러졌다).

"난 해적왕이 될 거야!!!!"

'서프라이즈 말 넣기' 조리법

말 에너지 상승!

① 전달하고 싶은 말을 정한다.

난 해적왕이 될 거야.

② 감정을 증폭하는 한마디를 넣는다.

답: "난 해적왕이 될 거야!!!!"

강한 기세와 의지가 전달되도록 서프라이즈 말 '!', 느낌표를 사용했다. '!' 넣기는 서프라이즈 말 넣기의 기본 중의 기본이지만 매우 강력하다.

물론 이 기술은 사용할 수 있는 문맥과 사용하기 어려운 문맥이 있다. 가령 비즈니스 문서에 '!!!!' 가 들어가면 과장된 느낌이 들게 된다. 반면 젊은 사람들에게 보내는 글이나 웹 매체 등에는 안성맞춤이다. 간단하게 바로, 강한 효과를 낼 수 있는 것이 서프라이즈 말 넣기다.

**'서프라이즈 말 넣기' 실천 사례 2**

### 자전거의 매출을 3배로 끌어올린 전달의 기술

어렸을 때를 떠올려보기 바란다. 자전거를 타기 위해서 보조 바퀴를 달아 연습하고 수없이 넘어지고 울면서 특별 훈련을 해야 했던 기억이 생생할 것이다. 새로운 장난감을 개발해온 와타나베 미키오는 그 기억에서 착안해 서너 살짜리 아이용 변신자전거를 제작했다. 자전거를 처음 배울 때 타기 위한 자전거로, 큰 기대를 걸고 판매를 시작했다. 하지만 연간목표의 절반밖에 팔리지 않았다.

상품도 훌륭했고 '특별한 훈련 없이 자전거를 탈 수 있다' 는 광고 문구를 내세워 홍보했지만 엄마들의 반응은 시큰둥했다. 그러던 중 1년에 한 번 있는 도쿄 장난감 쇼가 다가왔다. 그는 부진했던 판매 실적을 만회하기 위해 궁리를 했다.

"30분 만에 자전거 데뷔!"

이런 의미를 지닌 광고 문구를 만들어 홍보하기로 했다. 와타나베는 밤을 새워 머리를 쥐어뜯어가며 드디어 새로운 광고 문구를 하나 만들어냈다.

"헉! 불과 30분 만에 자전거 데뷔!!"

이 광고 하나로 엄마들의 반응이 완전히 달라졌다. 원래부터 상품력은 있었다. 시험 삼아 테스트를 시도했는데, 실제로 30분 만에 탈 수 있는 아이들이 수두룩했다. 도쿄 장난감 쇼에서 제일 긴 줄이 생겼다. 줄 서서 3시간을 기다려야 살 수 있었는데, 온종일 그 기세가 이어질 정도로 큰 인기를 끌었다. 단지 말 표현을 바꿨을 뿐인데 판매액이 3배로 껑충 뛰었고, 아이용 자전거로는 전례 없는 대히트 상품이 되었다.

**'서프라이즈 말 넣기' 조리법**

말 에너지 상승!

① 전달하고 싶은 말을 정한다.

30분 만에 자전거 데뷔!

② 감정을 증폭하는 한마디를 넣는다.

답: "헉! 불과 30분 만에 자전거 데뷔!!"

눈 깜짝할 사이에 만들 수 있는 기술.
바로 '서프라이즈 말 넣기' !

## 2 갭 만들기

**오늘 '당신만의 명언'을 만들 수 있는 명언 만들기 기술**

다른 것은 잊어버려도 이것만은 기억해둬야 한다. 전달하고 싶은 말과 '정반대의 말'을 앞에 넣으면 강한 메시지를 만들 수 있다. 이 '갭 만들기'는 내가 《전달의 기술》을 쓰게 된 계기가 된 기술로, '말에는 법칙이 있다'는 사실을 깨닫게 해주었다. 요리 솜씨가 젬병인 주부가 남몰래 유명 레스토랑의 조리법을 배워서 상을 차려주면 가족들이 깜짝 놀랄 것이다. 말로도 이런 일이 가능하며, '갭 만들기'를 이용하면 명언과도 같은 나만의 인상적인 표현을 만들 수 있다.

**"꿈이지만, 꿈이 아니었다!"**

지브리 스튜디오의 명작 애니메이션 〈이웃집 토토로〉에서 주인공 사쓰키와 여동생 메이가 한 말이다. '꿈이 아니었다'만으로도 의미가 전달된다. 그렇지만 반대 의미인 '꿈이지만'을 앞에 넣어 표현함으로써 판타지적인 느낌을 주는, 오래도록 기억에 남는 말이 되었다.

**"최대한 금메달, 아니 최소한 금메달."**

시드니 올림픽을 앞둔 기자회견에서 기자들이 목표를 질문하자 일본의 유도선수 다무라 료코가 굳은 결의를 다짐하듯 이렇게 말했다. '최소한 금메달'이란 표현만으로도 그녀의 굳은 의지는 전달되지만, 그 반대 의미인 '최대한 금메달'을 앞에 넣음으로써 많은 사람이 감동하고 기억하는 희망의 말이 되었다.

**"하늘은 사람 위에 사람을 만들지 않고, 사람 밑에 사람을 만들지 않는다."**

무사 제도가 없어졌을 때, 일본의 에도·메이지 시대의 계몽 사상가인 후쿠자와 유키치가 한 말이다. 사람은 원래 상하가 없기에 배움에 의해서만이 차이가 난다고 설파한 그의 책《학문의 권장》첫머리에 나오는 말이다. '하늘은 사람 밑에 사람을 만들지 않는다'만으로도 충분히 의미는 전달된다. 그런데 그 반대되는 표현을 앞에 넣음으로써 강한 메시지를 주는 문장으로 바뀌었고, 누구나 기억할 수 있게 되었다.

**톡 쏘면서도 깔끔하다.**

이 한마디가 맥주 시장의 판도를 뒤바꿨다면 믿어지는가? 일본의 아사히맥주 슈퍼드라이가 쌉싸름한 '깔끔한 맛'과 반대의 미각인 '톡 쏘는 맛'을 함께 느낄 수 있다는 점을 전달하여 업계 1위로 올라섰을 때 사용한 말이다. 맥주의 맛을 혁신했으며, 더불어 그 혁신성을 전달하는 말도 깔끔했다.

**미녀와 야수**

마법에 걸려 야수가 된 왕자가 진실한 사랑을 찾는다는 이야기다. 원래는 프랑스의 민화였는데, 디즈니가 애니메이션으로 제작해서 세계적으로 크게 인기를 끌었다. '미녀'와 '야수'라는 대조적인 말로 이루어진 제목이 강렬한 느낌을 준다.

여기에서 소개한 말들은 한결같이 강한 인상을 준다. 하늘이 극히 일부의 언어 천재들에게만 선물해준 말처럼 여겨진다. 나도 말의 법칙을 깨닫기 전에는 그렇게 생각했다. 그런데 이 표현들에는 공통점이 있다. 어떤 명언이든 정반대의 단어들로 구성되어 있다는 것이다.

- 꿈 ↔ 꿈이 아니다
- 최대 ↔ 최소
- 사람 위 ↔ 사람 아래
- 톡 쏘는 ↔ 깔끔
- 미녀 ↔ 야수

이것은 결코 우연이 아니다. 이 구조 속에 강한 말을 만드는 힌트가 숨어 있다. 요컨대 정반대의 말을 조합하면 누구라도 강한 말을 만들 수 있다는 얘기다. 이 '갭 만들기' 기술은 심리학의 득실효과(gain-loss effect)와 비슷한 효과를 낳는다. 득실효과는 의사소통을 하면서 '최초의 평가가 부정적이었는데, 그다음에 뜻하지 않게 긍정적인 면을 보게 되면 한층 평가가 올라간다'는 법칙이다. 다른 기술에 비해 요령이 좀 필요하긴 하지만 '갭 만들기'는 절대적인 효과가 있다. 지금까지 사용해본 적이 없는 강한 말을 만들 수 있다는 점에서 매우 유용하다.

그 조리법은 다음과 같다.

① 먼저, 가장 전달하고 싶은 말을 정한다.
② 전달하고 싶은 말의 반대어를 생각해 앞쪽에 넣는다.
③ 앞뒤가 연결되도록 자유롭게 말을 채워 넣는다.

이렇게 3단계로 이루어져 있다. '커다란 다코야키'를 '갭 만들기' 조리법으로 강한 말로 만들어보자.

① 가장 전달하고 싶은 말을 정한다.
  → 여기서는 '커다란'으로 하자.
② 전달하고 싶은 말의 반대어를 생각해 앞쪽에 넣는다.
  → '커다란'의 반대어는? 물론 '작은'이다.
③ 앞뒤가 연결되도록 자유롭게 말을 채워 넣는다.

→ '접시가 작게 보이는'이라고 하면 자연스러운 문장이 될 것이다.

▨ **Before** '커다란 다코야키'

▨ **After** '접시가 작게 보이는 커다란 다코야키'

언뜻 봐도 '접시가 작게 보이는 커다란 다코야키'는 매우 강해 보인다.

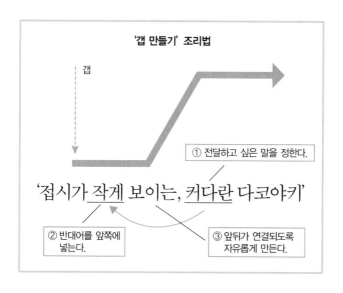

'편안한 연애보다 장애가 있는 연애가 불타오른다.'

'설탕뿐인 팥소보다 소금을 친 팥소가 달다.'

이와 같은 원리를 활용하면 강한 말을 만들 수 있다. 그 럼 지금부터 실천 사례를 통해 '갭 만들기'를 몸에 익혀 보자.

### '갭 만들기' 실천 사례 1

### 부하직원을 매료시키고 의욕을 북돋워 준
### 스티브 잡스의 말 속 전달의 기술

젊은 날의 스티브 잡스가 애플 컴퓨터에서 자신의 팀을 가졌을 때의 일이다. 그는 사람을 감동시키고 상식을 바 꾸는 일을 꿈꿨다. 팀원들에게 회사라는 울타리를 벗어 나 지금까지 없던 아이디어를 자유롭게 찾아다닐 것을 요 구했다.

잡스는 자신들이 목표로 하는 상식을 깨는 방식을 '해 적이 되는 편이 재미있다' 같은 말로 표현했다. 이렇게만 써도 눈이 번쩍 뜨일 만큼 강한 느낌을 준다. 내용이 독특하기 때문이다. 그런데 그는 여기서 그치지 않았다. 실제 잡스가 세상에 내던진 말은 더욱 강력했다.

'해군에 들어가느니 해적이 되는 편이 재미있다.'

불량스러운 '해적'과 정반대의 느낌을 주는 군기를 중시하는 '해군'을 앞에 넣어서 말한 것이다. 그야말로 '갭 만들기'의 표본이다. 그 당시 컴퓨터업계는 얼마나 정확하게, 시키는 대로 할 수 있는가를 중시해왔다. 그런데 잡

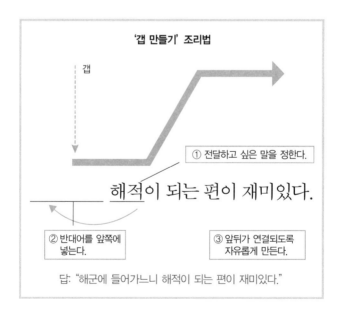

**'갭 만들기' 조리법**

갭

① 전달하고 싶은 말을 정한다.

해적이 되는 편이 재미있다.

② 반대어를 앞쪽에 넣는다.

③ 앞뒤가 연결되도록 자유롭게 만든다.

답: "해군에 들어가느니 해적이 되는 편이 재미있다."

스는 이와 정반대로 사람을 감동시키고 상식을 바꾸는 것을 목표로 삼은 것이다. 이 말을 들은 부하직원들은 의욕이 불타올랐다. 당시만 해도 아직 작은 팀에 불과했지만, 그때부터 애플은 독창성을 폭발시켜 독보적인 초일류기업으로 성장해갔다.

### 모두가 따라 했던, 유행어 대상을 받은 명대사 속 전달의 기술

권력에 반격을 가하는 통쾌한 드라마 〈한자와 나오키〉. 이 드라마에서 출세하기 위해 집념을 불태우는 상사는 자신이 저지른 실수임에도 그 책임을 한자와에게 떠넘기고자 음모를 꾸민다. 빼도 박도 못 하는 위기 상황에 처한 한자와는 그런 비열한 행위를 자행한 상사에게 뼛속 깊은 한마디를 내던진다.

"배로 갚아준다!"

특히 이 말이 수많은 드라마의 대사들을 제치고 유행어 대상을 획득한 데에는 비밀이 숨어 있다. 물론 드라마가 압도적으로 재미있었지만, 그 때문만은 아니다. 그렇다면

이 말이 유독 빛났던 까닭은 무엇일까? 바로 한자와 나오키가 내뱉었던 말 속에 힌트가 있다. 그는 이렇게 말했다.

"당하면 갚아준다. 배로 갚아준다!"

이 '당하면 갚아준다' 가 갭 만들기 기술로 이루어져 있다. '갚아준다' 와 반대되는 내용인 '당하면' 을 조합해서 만든 표현이다. 게다가 '배로 갚아준다!' 가 이어서 나오기 때문에 사람들 마음에 강한 인상을 준 것이다.

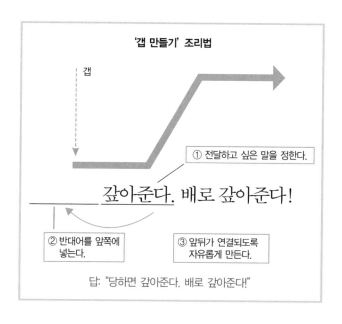

'갭 만들기' 조리법

① 전달하고 싶은 말을 정한다.

갚아준다. 배로 갚아준다!

② 반대어를 앞쪽에 넣는다.

③ 앞뒤가 연결되도록 자유롭게 만든다.

답: "당하면 갚아준다. 배로 갚아준다!"

이 명언은 한자와 나오키로 분한 사카이 마사토가 카메라 앞에서 불현듯 생각나서 외친 말이 아니다. 작가가 '드라마가 정점에 이르렀을 때 어떻게 말하면 사람들 마음에 강한 인상을 줄 수 있을까'를 거듭 생각한 끝에 만들어낸 말이다. 강한 말에는 반드시 이유가 있다.

우연한 계기에 접하게 된 멋진 말 하나 더 소개한다. 인도의 한 고아원 벽에 새겨져 있는 문구로, 테레사 수녀가 생전에 소중히 여기던 말이다. 인간의 '본질'을 솔직하게 적은 글인데, 이 또한 갭 만들기 법으로 구성되어 있다.

— 사람은 불합리해서 제멋대로입니다.

　그래도 용서하세요.

　당신이 친절하게 대해주면 누군가는 뭔가가 있다고 의심할 것입니다.

　그래도 친절하게 대해주세요.

　당신이 성공하면 배신을 당하고 적이 나타날 것입니다.

　그래도 성공하세요.

당신이 정직하면 누군가가 속이려고 할 것입니다.

그래도 정직하세요.

당신이 시간을 들여서 만든 것을 누군가가 한순간에 망가뜨릴 것입니다.

그래도 계속 만드세요.

당신이 평온과 행복을 발견하면 누군가가 시기할 것입니다.

그래도 행복한 마음으로 있으세요.

오늘 선한 일을 해도 내일이면 잊힐 것입니다.

그래도 선한 일을 하세요.

무엇을 주더라도 충분하지 않다는 말을 들을 것입니다.

그래도 주세요.

– 테레사 수녀가 소중히 하던 말

다른 것은 잊어버려도 이것만은 기억해두자.
명언을 만드는 기술, 그것은 바로 갭 만들기!

적나라하게 표현하기

**독창적이면서도 체온이 느껴지는 따뜻한 말을 만드는 기술**

얼굴이 화끈거릴 정도로, 아니 창피스러울 정도로 자신을 드러내는 기술이다. 지금까지 써본 적이 없는 생동감 넘치고 인간미가 흐르는, 사람들을 매혹하는 말을 만들 수 있다.

**"기분이 날아갈 것 같아요!"**

아테네 올림픽에서 금메달을 거머쥔 일본의 수영 선수 기타지마 고스케가 외친 말이다. 부상과 나쁜 컨디션에 시달리며 이루어낸 승리였다. 1등으로 골인한 뒤 물보라를 튀기며 수없이 승리의 환성을 질렀고, 인터뷰를 하며 긴장이 풀리자 어깨를 들썩거리며 울었다. 그러더니 "온몸에 소름이 돋네요!", "기분이 날아갈 것 같아요!"라고 '날 것의 감정'을 있는 그대로 드러냈다.

**"아픔을 견디며 정말정말 잘 싸웠다. 가슴이 뜨거워졌다!"**

일본의 전 총리 고이즈미 준이치로가 부상을 입고도 우승을 거둔 일본 스모 스타 다카노하나에게 보낸 축하의 말이다. 수석 사범은 대회에 불참할 것을 권했지만, 무릎이 망가져도 상관없다며 출전을 감행한 끝에 얻어낸 승리였다. 관중도 그야말로 온몸이 떨리는 감동을 맛본 순간이었다.

**"좋아해. 미치도록 반했어."**

명작 드라마 〈꽃보다 남자〉에서 여주인공 쓰쿠시를 좋아하는 도묘지 쓰카사가 외친 말이다. "좋아해. 반했어"만으로도 충분히 의미가 전달된다. 하지만 몸 안 깊숙한 곳에서부터 터져 나온 듯한 '미치도록'이란 말이 들어감으로써, 절실한 마음이 한층 강해졌고 팬들의 마음을 사로잡았다.

**"간지, 섹스하자!"**

최고 시청률 32.3%를 기록했던 전설의 드라마 〈도쿄 러

브스토리〉의 명대사다. 주인공 아카나 리카는 자유분방한 성격이다. 서툴지만 직선적으로 사랑을 부딪쳐갔던 리카의 이 대사는 당시 선풍적인 인기를 끌었다.

**"이처럼 짜릿했던 경기는 처음이네요. 기분이 좋아요. 정말로 눈물이 나올 정도예요."**

야구 일본 시리즈 교진 대 라쿠텐 경기에서 극적으로 승리를 거둔 라쿠텐의 호시노 센이치 감독이 인터뷰에서 한 말이다. '지금까지 이런 경기는 없었다. 기분이 좋다'는 의미인데 너무 감격한 나머지 입에서 저절로 튀어나온 듯한 생동감을 주었다. 그해에 라쿠텐은 구단 설립 이래 최초로 일본 제일의 팀이 되었다.

**"꿈은 생각해내는 것이 아니다. 마음속에서부터 우러나오는 것이다."**

《취업에 성공하는 면접의 기술》 저자로 잘 알려진 스기무라 타로가 한 말이다. 적나라하며 정열적인 그의 말투는 수많은 학생과 사회인의 마음을 움직였다. '어떻게 일을 해나가고 어떻게 살아가야 하는가' 를 고민하는 사람들에게 현재도 큰 영향을 주고 있다.

가슴이 두근거리는 말들은 줄지어 늘어서 있다. 모든 것을 내걸었던 사람들이기에 자연스럽게 입 밖으로 나온 말이라 할 수 있다. 결정적인 순간을 경험한 사람이 아니고는 나올 수가 없는 번뜩이는 정열의 표현들이다. 하지만 이 역시 모두 말 조리법으로 만들어져 있다. 바로 '적나라하게 표현하기' 다. 다시 말해 이 조리법을 따르면 누구나 쉽게 만들 수 있다는 뜻이다.

적나라하게 표현하기는 자신의 몸에 일어나는 현상을 관찰해서 말로 표현하는 기술이다. 가령 '머릿속이 새하얘질 정도로 맛있다' 라는 표현을 들으면, 무척 맛있는 음식을 먹었다는 느낌과 동시에 독창적이라는 느낌을 받을 것이다. 그런데 이 말은 입맛에 딱 맞는 음식을 먹는 순간 하늘에서 갑자기 떨어진 것이 아니다. 말 조리법에 따라 만들어진 것이다. 어떻게 해서 '맛있다' 가 그런 표현으로 바뀔 수 있었을까?

지금부터 '적나라하게 표현하기' 기술을 사용해서 말을 만들어보자. 적나라하게 표현하기는 피부의 감각을 오롯이 느껴보고 그것을 말로 표현하는 기술이다. 혀에 착착 감기는 음식을 먹었을 때 몸의 느낌은? 그 느낌을 그대로 말로 표현한다.

- 입은? → 할 말을 잃는다.
- 피부는? → 닭살이 돋는다.
- 머릿속은? → 새하얘진다.

이 중 무엇을 사용하든 상관이 없다. 감각을 적나라하게 표현하면 시인이 빚어낸 듯 체온이 느껴지는 말이 된다. '맛있다'라는 말 앞에 이 표현들을 넣기만 해도 순식간에 생기가 넘쳐흐르는 말이 된다. 마치 신기한 마술처럼!

'할 말을 잃을 정도로 맛있다.'
'닭살이 돋을 정도로 맛있다.'
'머릿속이 새하얘질 정도로 맛있다.'

그 조리법은 다음과 같다.


① 가장 전달하고 싶은 말을 정한다.

② 몸의 반응을 적나라한 말로 표현한다.

③ 적나라한 표현의 말을 전달하고 싶은 말 앞에 넣는다.


이 기술은 두 번째가 가장 중요하다. '적나라한 표현'을 찾아내면 90%는 완성된 것이나 다름없다. 가끔 "적나라한 표현을 찾아내기가 어려운데 어떻게 해야 하나요?"라는 질문을 받곤 한다. 그런 사람들에게 힌트를 하나 준다면, 질문을 던지고 답을 하는 방식으로 만드는 것이다.

예를 들어 '매우 맛있다고 느꼈을 때, 몸은 어떤 반응을 하는가?'라는 질문을 놓고 하나씩 답을 해나가면 된다.


━ **[적나라하게 표현하기 질문 목록]**

**Q. '매우 맛있다'라고 느꼈을 때…**

얼굴은? → 무심코 미소를 짓는다.

목은? → 침을 꿀꺽 삼킨다.

입술은? → 입맛을 다신다.

숨결은? → 순간적으로 멈춰진다.

눈은? → 감고 싶어진다. 또는 크게 떠진다.

솜털은? → 온몸의 솜털이 돋는다.

피부는? → 소름이 돋는다.

머릿속은? → 새하얘진다.

손바닥은? → 땀이 축축이 밴다.

손가락은? → 떨린다.

혈액 순환은? → 빨라진다.


질문에 대해 나온 적나라한 표현 중에서 가장 강한 말을 사용하면 되는 것이다. 적나라하게 표현하기는 '쑥스러울 정도로' 적나라한 표현을 사용하는 것이 요령이다. 그렇게 하면 폭발력 있는 말로 완성할 수 있다.

　'커다란 다코야키'를 '적나라하게 표현하기'로 재구성해보자.

① 가장 전달하고 싶은 말을 정한다.

→ 여기서는 '커다란' 으로 하자.

② 몸의 반응을 적나라한 말로 표현한다.

→ 커다란 다코야키를 보면 몸이 어떻게 반응할까? 앞의 질문 목록을 활용해서 생각해보자. 눈은? 크게 떠진다. 숨은? 멈춰진다.

③ 적나라한 표현의 말을 전달하고 싶은 말 앞에 넣는다.

→ '숨이 멎을 정도로' 라고 하면 강렬할 것이다.

▨ **Before** '커다란 다코야키'

▨ **After** '숨이 멎을 정도로 커다란 다코야키'

만약 '숨이 멎을 정도로 커다란 다코야키' 같은 글이 적혀 있다면, 나는 절대 그 가게를 그냥 지나치지 못할 것이다.

그러면 이제부터 몸에 배게 하기 위해서 실천 사례를 통해 '적나라하게 표현하기' 를 경험해보자.

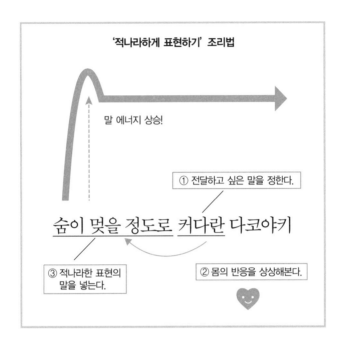

'적나라하게 표현하기' 조리법

말 에너지 상승!

① 전달하고 싶은 말을 정한다.

숨이 멎을 정도로 커다란 다코야키

③ 적나라한 표현의 말을 넣는다.

② 몸의 반응을 상상해본다.

### 긴장한 상태를 역이용해서 면접시험에 합격한 전달의 기술

동경하던 회사의 최종 면접시험 날, 다카다 에리는 궁지에 몰렸다. 흔히 볼 수 있는 틀에 박힌 질문에 미리 준비해놓았던 대로 앵무새처럼 대답하고 말았던 것이다. 그때 면접관 중 한 명이 쏘아붙였다.

"전혀 망설이지 않고 아주 자연스럽게 대답하네요. 미리 준비해두었나요?"

다카다의 머릿속은 새하얘졌다. 분명히 달달 외워놓은 답을 별생각 없이 입 밖에 내놓았을 뿐인데, 그것을 임원들이 간파해낸 것이다. 몇 초에 불과한 침묵이 영원과도 같이 느껴졌다.

그런데 그때 다카다의 입에서 "아뇨, 긴장하고 있습니다"라는 말이 튀어나왔다. 그뿐만이 아니었다. 면접에 임하는 절실한 마음과 긴장을 느낀 대로 적나라하게 말했다.

"굉장히 긴장하고 있습니다. 목도 마르고 손에 식은땀이 나고 있습니다. 제 몸에 이렇게도 많은 털구멍이 있었다는 사실에 놀라고 있습니다."

면접관들 사이에서 작은 웃음소리가 터져 나왔다. 다카다는 이어서 말했다.

"아르바이트로 학원 강사를 하고 있기 때문에 사람들 앞에서 말하는 것은 익숙합니다. 하지만 저에게 이 면접은 처음 경험하는 최종 면접입니다. 사실 목소리를 크게

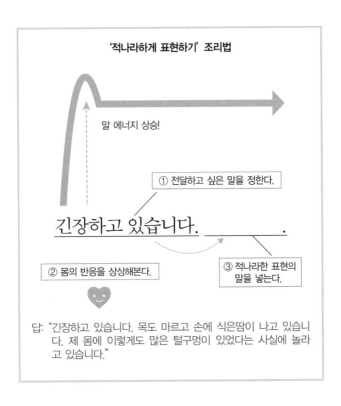

**'적나라하게 표현하기' 조리법**

말 에너지 상승!

① 전달하고 싶은 말을 정한다.

긴장하고 있습니다. _____.

② 몸의 반응을 상상해본다.

③ 적나라한 표현의 말을 넣는다.

답: "긴장하고 있습니다. 목도 마르고 손에 식은땀이 나고 있습니다. 제 몸에 이렇게도 많은 털구멍이 있었다는 사실에 놀라고 있습니다."

내는 것도 떨리는 것을 숨기기 위해서입니다. 저는 지금 최선을 다해서 말하고 있습니다!"

임원이 면접 평가표에 뭔가를 적어놓는 것이 보였다. 만약 그때 "긴장하고 있습니다"라고밖에 말하지 못했다면, 자신의 상황을 있는 그대로 전달하지 못하고 허울뿐인 말만 늘어놓은 셈이 되었을 것이다. 그 후 다카다 에리는 그 회사에 보란 듯이 합격했다.

**남학생이 복받쳐 울 만큼 마음을 사로잡은 교사의 전달의 기술**

전문학교 강사인 와타베 다카시는 어떤 말로 자신의 생각을 전해줘야 할지 고민에 빠졌다. 1년에 한 번 있는 대형 프레젠테이션을 위한 강의 연습 시간이었다. 지금까지 배운 것을 집대성하는 자리였기에 학생들은 초롱초롱한 눈으로 강의에 임했다. 개중에는 꽤 수준 높은 프레젠테이션을 선보이는 학생도 있었다. 고이데도 그중 한 명이었다.

와타베는 강의를 듣고 솔직한 마음으로 그에게 "감동적인 프레젠테이션이었어. 특별히 바꿀 만한 곳은 없어"라고 말해줬다. 평가를 해주는 입장이었기에 정확하게 전달되도록 주의해서 말했다. 그런데 고이데가 그 말을 듣고 고개를 갸우뚱거리며 "정말로 고쳐야 할 곳이 없나요?"라고 물었다. 그 순간 와타베는 어떻게 말해줘야 자신의 생각이 제대로 전달될까 고민에 빠졌다.

대형 프레젠테이션을 위한 마지막 강의 날이 되었다. 와타베는 전달 방식을 바꿨다. 고이데의 열띤 프레젠테이션을 듣고, 그 느낌을 그대로 적나라하게 표현했다.

"눈물이 절로 나왔다. 그대로 하면 돼."

이어서 "다른 학생들도 다 같은 생각일 거야"라고 말했다. 이 말을 듣고 고이데는 눈물을 흘렸다. 교실에는 여학생들도 있었기에 남자가 우는 얼굴을 보여주는 것은 분명 창피한 일이었으리라. 그럼에도 그가 복받쳐 오른 감정을 숨기지 않았던 것은 진정으로 자신감을 얻었기 때문이었을 것이다. 그에게 필요한 것은 정확한 평가가 아니라 자신감이었다. 적나라하게 표현해준 와타베의 말은 충분히 자신감을 갖게 해줄 만큼 설득력이 있었다.

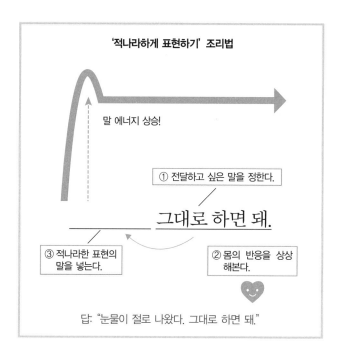

### '적나라하게 표현하기' 조리법

말 에너지 상승!

① 전달하고 싶은 말을 정한다.

그대로 하면 돼.

③ 적나라한 표현의 말을 넣는다.

② 몸의 반응을 상상해본다.

답: "눈물이 절로 나왔다. 그대로 하면 돼."

얼굴이 화끈거릴 정도로,
아니 창피스러울 정도로 자신을 드러내는 기술.
'적나라하게 표현하기'!

## 전달력 테스트 3

당신의 전달력은 어느 정도일까?

당신이 사람의 마음을 사로잡는 대인관계를 하고 있는지를 단번에 알 수 있는 질문이 있다. '있다' 또는 '없다'로 대답해보자.

### Q. 지난 3개월 동안 꽃을 선물해준 적이 있는가?

꽃을 선물하는 것은 행동을 적나라하게 표현하는 것이다. 요컨대 꽃을 선물하는 사람은 자신의 마음을 상대에게 강하게 전달할 줄 아는 사람이다. 꽃을 건네줄 때는 왠지 부끄럽기 마련이다. 그걸 무릅쓰고 그런 행위를 하는 사람은 상대에게 그만큼 강한 인상을 주게 된다.

경영컨설턴트 톰 피터스는 "꽃의 예산에는 한도가 없다"라고 말했다. 꽃은 의사소통의 효과적인 도구인 셈이다. 이렇게까지 전략적으로 생각할 필요는 없겠지만, 나 또한 그런 사실을 실감하고 있다. 꽃을 받으면 자연스럽게 마음이 환해진다. 두고두고 기억에 남고 언젠가 반드시 보답을 해야겠다는 생각도 든다. 비즈니스 관계로 이어지면 몇 배, 아니 몇십 배 이익이 되어 되돌아오는 때도 있다.

꽃을 선물하는 것은 아주 간단하게 당신의 존재를 상대에게 전달하는 방법이다. 부끄러워하지 말고 당장 오늘부터라도 꽃을 사서 선물해보자.

## 4  반복하기

**눈 깜짝할 사이에 만들 수 있는, 기억에 새겨지는 기술**

간단하게, 아주 간단하게 만들 수 있는 기술이다. 반복하기 기술을 사용하면 그 말이 상대의 머릿속에 깊이 남게 된다. 강하게 전달하고 싶은 말을 반복만 하면 된다. 효과가 뛰어나고 짧은 시간에 만들 수 있는 유용한 기술이다. 유행어나 기억에 남는 애니메이션의 대사들은 대부분 이 기술로 이루어져 있다.

**"서두르지 않는다. 서두르지 않는다. 잠깐 쉰다. 잠깐 쉰다."**

애니메이션 〈잇큐상〉의 마지막 장면에서 잇큐가 모로 누워서 되뇌는 유명한 대사다. "서두르지 않는다. 잠깐 쉰다"는 말을 반복함으로써 기억에 깊이 남는 말이 되었다.

**"안 돼요~ 안 돼. 안 돼."**

유행어 대상을 받은 여성 코미디언 콤비 일본전기연합의

유행어다. 전혀 섹시하지 않음에도 왠지 섹시한 느낌을 주는 그들은 비윤리적인 행위를 개그 소재로 삼으면서 강렬한 파워를 발휘했다. 하지만 그런 특징만으로는 결코 유행어가 될 수 없었을 것이다. 되풀이해서 말하기에 기억에 남은 것이다. 생각해보면 유행어 중에는 말을 반복하는 유형이 많다는 사실을 알 수 있다.

**"나에겐 꿈이 있다. 나에겐 꿈이 있다."**

피부 색깔이나 출신과 관계없이 평등하게 살아갈 수 있는 사회를 이루기 위해 평생을 바친 마틴 루서 킹 주니어가 자신의 염원을 담아 했던 연설문 중 한 부분이다. "나에겐 꿈이 있다"를 반복해서 말함으로써 미국 역사에 길이 남을 기념비적인 말이 되었다.

**"도망가면 안 돼. 도망가면 안 돼. 도망가면 안 돼."**

애니메이션 〈신세기 에반게리온〉의 주인공 이카리 신지의 대사다. 자신을 바꾸고 싶어서 외치는 말이다. "도망가면 안 돼"를 되풀이함으로써 사람들의 머릿속에 두고

두고 기억되는 말이 되었다. 〈신세기 에반게리온〉의 팬들은 일에서 도망치고 싶은 마음이 들 때 이 대사를 되뇐다고 한다.


**"오 로미오, 로미오! 왜 당신은 로미오인가요?"**

굳이 설명이 필요 없을 정도로 유명한 말이다. 서로 적대시하는 가문에서 태어나 사랑에 빠진 로미오와 줄리엣. 로미오와 줄리엣이란 이름을 갖고 있기에 그들의 사랑은 이루어질 수 없었다. 그래서 줄리엣이 부르짖은 말인데, "로미오, 로미오"라고 반복하지 않았다면 이렇게까지 세계적으로 유명한 대사는 되지 않았을지도 모른다.


**"코마네치! 코마네치!"**

루마니아의 체조 금메달리스트 코마네치 선수가 하이레그(다리가 길어 보이도록 다리 부분을 최대한 노출시킨 의상-옮긴이)를 입고 체조하는 모습은 당시 일본인들에게 매우 강렬한 인상을 주었다. 코마네치 선수의 모습을 일본 배우 비토 다케시가 손놀림으로 흉내를 내며 "코마네치! 코마네치!"라고 외치면서 크게 인기를 끌었다. 반복해서 말함으로써 더욱 큰 웃음을 불러일으켰다.

모두 널리 알려진 말들이다. 역사 속 위인의 명언도 있고, 애니메이션의 대사와 예능인의 유행어도 있다. 공통점은 전부 흉내를 내기가 쉽고 TV 방송에서도 패러디해서 즐겨 사용한다는 점이다. 이처럼 반복되는 말은 기억에 남기가 쉬우며, 누구나 흉내를 내고 싶어지는 법이다.

'반복하기'는 매우 간단하면서도 효과가 뛰어난 기술이다. 스포츠 선수들이 "어떻게 하면 효과적인 인터뷰를 할 수 있을까요?"라고 상담을 해올 때, 나는 가장 먼저 '반복하기'를 가르쳐준다. 매우 단순해서 시합 직후 정신 없는 와중에도 사용할 수 있기 때문이다.

왜 반복해서 말하면 기억에 남게 되는 걸까? 암기할 때를 생각해보면 쉽게 알 수 있다. 몇 번이고 되풀이 말하거나 쓰면 기억에 남게 되지 않는가. 되풀이해서 말하다 보면 기억에 남기기 쉬워진다. 게다가 반복해서 말할 때 입술의 감촉도 좋다. 리듬이 생기기 때문이다.

"코마네치!" 이렇게만 말해도 강렬한 느낌을 준다. 하지만 한 번만 말했다면 다케시의 대표적인 유행어는 되지 못했을 것이다. "코마네치! 코마네치! 코마네치!"라고 반복해서 말했기 때문에 한층 더 강력해졌다. 반복을 하면 강해지는 말의 표본이다.

심리학자 로버트 자이언스는 실험을 통해 "접촉 횟수가 많아지면, 단지 그것만으로도 호감도가 상승한다"는 사실을 증명했다. 이를 '자이언스의 법칙'이라고 한다. 선거철이 되면 선거유세 차량이 정치인의 이름을 반복해서 말하며 돌아다닌다. 이름보다 정책을 좀 더 말해달라며 따끔하게 지적하는 소리도 들리지만, 지금의 선거제도에서 당선을 하기 위해서는 이름을 반복해서 각인시키는 것이 효과적이다. 투표소에 가서 전혀 기억에 없는 사람에게 투표를 하기는 어렵기 때문이다. 기억에 남아 있는 사람이라는 점만으로도 표를 받을 가능성이 커진다. 반복하기 기술을 사용하면 기억에 오래 남길 수 있는 것이다.

반복하기 조리법은 다음과 같다.

① 전달하고 싶은 말을 정한다.

② 반복한다.

달랑 이것뿐이다. 정말로 단순하기 그지없다. 이제 '커다란 다코야키'를 반복하기 조리법을 활용해서 강하게 만들어보자.

① 전달하고 싶은 말을 정한다.

　　→ 여기에서는 '커다란'으로 하자.

② 반복한다.

　　→ '커다란, 커다란'

또는 조금 변형해서 '커다란, 매우 커다란'과 같이 만들어도 된다.

▨ Before '커다란 다코야키'

▨ After '커다란, 커다란 다코야키'

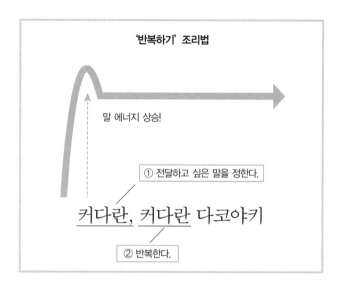

'반복하기' 조리법

말 에너지 상승!

① 전달하고 싶은 말을 정한다.

커다란, 커다란 다코야키

② 반복한다.

단순하지만 분명히 '커다란, 커다란 다코야키'가 강력하다. 지금부터는 실천 사례를 통해 반복하기 기술을 습득하자.

**별다른 뜻이 없는 단어를 반복하자 유행어가 된 전달의 기술**

드라마 〈아마짱〉(아마짱은 '해녀'라는 뜻—옮긴이)을 모르는 일본인은 없지 않을까. 매일 아침마다 상영하는 15분짜

---

161

리 드라마가 활기를 잃어가던 일본에 웃음을 선사해주었다. 이 아침 드라마에서 나온 유행어가 있다. 이와테 현 지방에서 사용되는 방언이다.

드라마작가인 구도 간쿠로가 대본을 쓰기 위해 현지에 취재를 갔을 때의 일이다. 해녀들과 이야기를 나누고 있었는데 해녀들이 불쑥불쑥 "지에"라는 말을 썼다. 그 말이 무척 재미있게 들려서 뜻을 물어보니 깜짝 놀랐을 때

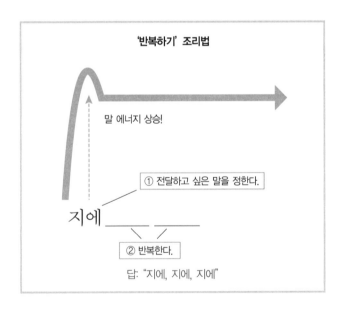

**'반복하기' 조리법**

말 에너지 상승!

① 전달하고 싶은 말을 정한다.

지에 ＿＿＿ ＿＿＿

② 반복한다.

답: "지에, 지에, 지에"

하는 말이라고 했다. 크게 놀랄수록 반복해서 말한다는 것이다. 그래서 이를 대본에 반영했고, "지에, 지에, 지에"라는 유행어가 만들어졌다. 그야말로 반복하기 기술의 전형적인 예다. 현지에서는 보통 '지에'라고 말하는데 그것을 반복시킴으로써 유행어를 만든 것이다.

| '반복하기' 실천 사례 2 |

**한번 들으면 습관적으로 따라 부르게 되는**
**지브리 음악 속 전달의 기술**

지브리 애니메이션의 음악을 들으면 숨어 있던 마음이 드러나듯 어렸을 때가 생각난다는 사람이 많다. 분명히 지브리 영화를 보면 세계관과 음악에 깊이 몰입된다. 〈벼랑 위의 포뇨〉에서 흘러나오는 노래도 일본 전체를 휩쓸었다. 나도 무심결에 "포뇨, 포뇨, 포뇨"라고 중얼거리며 걸어 다녔을 정도다.

그런데 이 노래에는 비밀이 하나 숨겨져 있다. 습관적으로 따라 부르도록 만들어져 있는 것이다. 이를테면 포뇨 주제가의 하이라이트는 "포뇨 포뇨 포뇨 물고기의 아이"다. 의미상으로 보면 "포뇨, 물고기의 아이"다. 이름을 먼저 소개하고, 그가 누구인지를 설명해주는 부분이다. 그런데 노래 가사에는 "포뇨 포뇨 포뇨 물고기의 아이"라고 반복해서 들어가 있다. 반복하면 리드미컬해질 뿐 아니라 기억에 남기 때문이다.

인간의 뇌는 단순하게 반복하는 것을 좋아한다. 하이라이트를 반복하기 기술로 만들면 아이부터 어른까지 모두 무심코 흥얼거리는 노래가 될 수 있다. 이 밖에 〈이웃집 토토로〉의 주제가도 많이 알고 있을 것이다. 바로 머리에 떠올릴 수 있지 않을까. "이웃집 토토로 토토로, 토토로 토토로" 자연스럽게 머릿속에서 흘러나온다는 것을 알 수 있다.

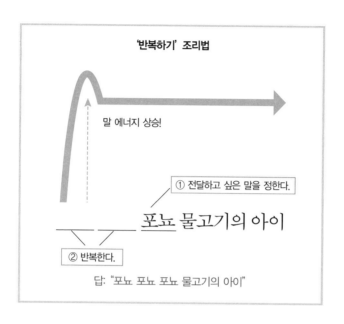

**'반복하기' 조리법**

말 에너지 상승!

① 전달하고 싶은 말을 정한다.

포뇨 물고기의 아이

② 반복한다.

답: "포뇨 포뇨 포뇨 물고기의 아이"

기억에 새겨지게 하는
매우 간단한 기술, '반복하기'!

클라이맥스 만들기

사람들 앞에서 말을 해야 하는 사람은 반드시 알아야 할 마법의 기술

'이 부분은 중요하니까 절대 잊어버리면 안 돼요'라고 적어놓으면, '뭐지?'라는 생각이 들기 마련이다. 이런 말이 바로 '클라이맥스 만들기' 조리법을 활용해서 만든 표현이다. 이렇게 적어놓으면 꼼꼼하게 읽어야겠다는 생각이 절로 들게 된다.

**"이건 시험에 나옵니다. 삼각형의 면적은….."**

이 말 한마디면 학생들의 귀가 번쩍 뜨인다. "삼각형의 면적은…"이라고 말하면 주목을 받지 못한다. 그런데 "이건 시험에 나옵니다"라고 운을 떼면 교실 안의 모든 학생이 일제히 고개를 들어 칠판을 보게 된다.

**"드디어 지켜야만 할 것이 생겼어. 바로 너야."**

마법과 과학이 공존하는 세계를 그린 애니메이션 〈하울

의 움직이는 성〉 주인공 하울. 전쟁을 계속 피하던 그가 결국 싸움에 나서기 전에 여주인공 소피에게 속삭여준 말이다. 참고로 성우는 기무라 타쿠야였다. 이런 말을 듣고도 반하지 않을 여성이 있을까.

**"둘 중 하나다. 필사적으로 살든지, 필사적으로 죽든지."**
누명을 쓰고 감옥에 들어간 앤디. 그가 희망의 끈을 놓지 않고, 자유를 되찾는 날이 올 것이란 강한 믿음을 갖고 살아가는 모습을 그린 영화 〈쇼생크 탈출〉에서 교도소 친구인 레드가 말한 명대사다. 이 표현은 '클라이맥스 만들기'와 '갭 만들기'를 조합해서 만들어진 것으로 매우 강력한 인상을 준다.

**"딱 잘라 말하겠다. 돈과 명예를 버리면 인간의 생명이 남는다."**
일본의 현대미술가 오카모토 타로가 자신의 책 《인생상담》에서 한 말이다. "딱 잘라 말하겠다"라는 말을 던지니 뒤에 오는 말이 궁금해진다. 주의 깊게 들어보자는 마음이 생긴다. '클라이맥스 만들기' 조리법을 활용하면 중요한 말을 흘려듣는 사람이 없을 것이다.

**"한 가지, (물어봐도) 괜찮겠습니까?"**

형사 드라마 〈파트너〉에서 주연배우 스기시타 우쿄가 입
버릇처럼 하는 말이다. 뛰어난 추리력으로 남들은 그냥
지나치는 사소한 문제를 단서로 삼아 사건을 해결한다.
꽉 막혔던 수사 국면이 이 말과 함께 서서히 실마리가 풀
리기 시작한다.

쭉 살펴보니 모두가 가장 결정적인 순간에 나오는 표현들
이다. 이것은 결코 우연이 아니다. '클라이맥스 만들기'
는 가장 중요한 순간에 사용할 수 있는 기술이다. 이 기술
을 사용하면 '이제부터 중요한 이야기를 시작한다. 놓쳐
선 안 돼!' 라는 생각 속에 집중하게 한다.

'클라이맥스 만들기'는 새해 카운트다운에 비유할 수
있다. "3, 2, 1"이라고 카운트다운이 시작되면 딴청을 피
울래야 피울 수가 없다. 사람은 뭔가가 일어나는 순간은
놓치고 싶지 않은 법이기 때문이다. 이런 인간의 본능을

이용하는 기술이 바로 '클라이맥스 만들기'다.

중요한 사실을 말할 때나 이목을 집중시켜야 할 때 이 기술을 사용하자. 가장 주목받고 싶은 순간에 사람들의 눈과 귀를 사로잡을 수 있다. 클라이맥스 만들기도 간단한 기술 중 하나다. 이 기술을 알아두면 바로 이 자리에서부터 사용할 수 있다.

—— **[클라이맥스 만들기 표현 목록]**

'이건 비밀로 해주세요.'

'이건 시험에 나옵니다.'

'이 말을 듣는 당신은 행운아예요.'

'여기서만 하는 이야기인데….'

'촬영은 금지입니다.'

'단 한 번만 말합니다.'

'포인트는 두 개예요.'

'딴 데서는 해주는 말이 아니에요.'

'당신에게만 하는 말이에요.'

'고백하건대….'

이 외에도 '이제부터 중요한 말을 하겠다'는 의미가 담긴 말을 쓴다면 클라이맥스 만들기 기술을 사용하고 있는 것이다. '클라이맥스 만들기' 조리법은 다음과 같다.

① 무턱대고 '전달하고 싶은 말'부터 하지 않는다.
② 곧 클라이맥스임을 알리는 표현을 먼저 한다.

클라이맥스 만들기는 앞서 제시한 표현 목록을 가져다 써도 된다. 별것 없다. 간단하다. '커다란 다코야키'를 '클라이맥스 만들기' 조리법을 활용해서 표현해보자.

① 무턱대고 '전달하고 싶은 말'부터 하지 않는다.
　→ 입이 간질간질하더라도 일단 한 호흡 쉰다.
② 곧 클라이맥스임을 알리는 표현을 먼저 한다.
　→ 여기서는 '촬영은 금지입니다'를 골라보았다.

물론 다른 클라이맥스 만들기 표현을 활용해도 된다. 상황에 맞게 가장 매끄럽게 이어지는 표현을 선택한다.

▨ **Before** '커다란 다코야키'

▨ **After** '**촬영은 금지입니다.** 커다란 다코야키'

어느 쪽이 강한 인상을 주는지 한눈에 알 수 있을 것이다. 이제부터 실천 사례를 통해 '클라이맥스 만들기' 기술을 몸에 익히자.

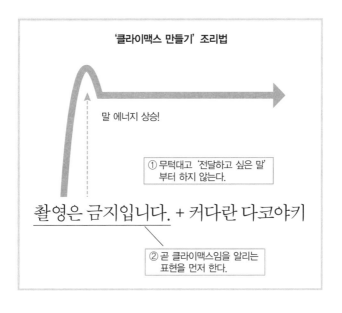

**'클라이맥스 만들기' 조리법**

말 에너지 상승!

① 무턱대고 '전달하고 싶은 말'부터 하지 않는다.

촬영은 금지입니다. + 커다란 다코야키

② 곧 클라이맥스임을 알리는 표현을 먼저 한다.

## 강연장에서 일제히 고개를 쳐들게 하는 전달의 기술

강연을 하기에 가장 어려운 시간대는 언제일까? 점심시간 직후인 오후 1시다. 배를 든든히 채우고 난 뒤이기에 여기저기서 꾸벅꾸벅 조는 사람이 나타난다. 나는 강연을 일주일에 한 번꼴로 하고 있다. 그래도 다행스럽게 '90분이 눈 깜짝할 사이에 지나갔다'는 평도 받은 적이 있고, 라쿠텐이 주최한 세미나에서는 만족도 5점 만점 중 4.7점을 획득해서 전체 세미나 중 1위를 차지하기도 했다.

물론 가장 중요한 건 강연의 내용이다. 그런데 같은 내용이라도 강연자에 따라 만족도가 달라진다. 대체 왜 그런 걸까? 전달하는 방법이 다르기 때문이다. 같은 내용을 말하더라도 전달 방식에 따라 느낌이 확 달라질 수 있다. 실제로 강연이 후반으로 들어서면 나는 의식적으로 클라이맥스 만들기 기술을 사용해서 말한다. 가령 "예제를 살펴보죠"라고 말하지 않는다.

"지금부터 말하는 것을 듣는 것만으로도 이곳에 온 보람이 있을 겁니다. 그럼, 예제를 살펴보죠."

이렇게 말하면 가슴이 철렁 내려앉을 정도로 일제히 고개를 번쩍 들고 일제히 나를 쳐다본다. 클라이맥스 만들기 기술을 사용하면, 오랫동안 앉아 있어 지친 상태인데도 다시 한 번 집중하게 된다.

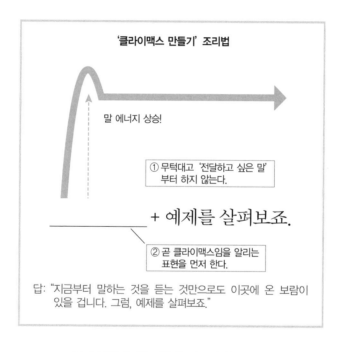

**'클라이맥스 만들기' 조리법**

말 에너지 상승!

① 무턱대고 '전달하고 싶은 말'부터 하지 않는다.

+ 예제를 살펴보죠.

② 곧 클라이맥스임을 알리는 표현을 먼저 한다.

답: "지금부터 말하는 것을 듣는 것만으로도 이곳에 온 보람이 있을 겁니다. 그럼, 예제를 살펴보죠."

어떤 상황에서도 이목을 집중시키는 기술.
바로 '클라이맥스 만들기'!

## 2 숫자로 제시하기

**'중요하다' 라고 말하는 것보다 '90%' 라고 숫자로 표현하면 훨씬 강한 말이 된다**

이 기술은 95% 이상의 사람이 모른다. '숫자'를 넣으면 그것만으로도 설득력이 높아진다. 특히 상품명이나 말 속에 숫자를 사용하면 시각적으로도 눈에 띈다. 물론 내용도 머리에 쏙쏙 들어오고 말이다.

**한 알에 300미터**

일본의 과자회사 그리코의 캐러멜 광고 문구다. 캐러멜 한 알에 사람이 300미터를 달릴 수 있는 에너지가 함유되어 있다는 뜻이다. 이 글의 목적은 '한 알에 영양이 가득하다'란 뜻을 전달하는 것인데, 숫자로 표현함으로써 강한 인상과 설득력을 주고 있다.

**전달법이 90%**

이것은 '전달법이 중요하다'를 달리 표현한 것으로, '중요하다'를 '90%'라는 숫자로 바꾼 것이다. 물론 내용이 중요하다. 그런데 사람들은 '내용'에는 주의를 기울이면서, 그 내용을 '어떻게 전달할 것인가'는 그다지 신경을 쓰지 않는다. 이 말 속에는 '전달법을 중시하라'라는 메시지가 담겨 있다.

## 은하철도 999

일본 만화 역사 속에서도 특히 빛나는 걸작 중 하나다. 나무랄 데 없는 스토리에 매력적인 제목이다. 그런데 만약 제목에 '999'가 없었다면? 가령 '은하철도 독수리'라는 이름이었다면? 이렇게까지 역사에 남는 만화가 되지 않았을 수도 있다.

## 101마리 달마시안

월트 디즈니가 만든 애니메이션이다. 이것도 '수많은 달마시안'이란 제목이었다면, 영화로 제작되지 못했을지도 모른다. 숫자가 말을 강하게 해준 좋은 예다.

## 3분 쿠킹

니혼TV에서 방영되는 요리프로그램으로, 만약 '단시간 쿠킹'이란 제목이었다면, 설령 같은 내용이었어도 이렇게까지 인기를 끌지 못했을 것이다. 짧은 시간을 '3분'이란 숫자로 표현함으로써 사람들의 흥미를 끌어올렸다.

이와 같은 것들이 '숫자로 제시하기' 조리법으로 만들어진 표현들이다. 문장 속에 숫자가 들어가면 그것만으로도 사람들의 시선을 확 잡아끈다. 게다가 한눈에 이해가 된다.

하나 더 덧붙이자면, 사용된 숫자에는 공통점이 있다는 것이다. 홀수가 많다. '6가지 습관'이 아니라 '7가지 습관', '100마리 달마시안'이 아니라 '101마리 달마시안' 같은 것이 그 예다.

'강한 말'이라는 관점에서 보자면, 2, 4, 6, 8, 10과 같은 짝수는 부드럽고 약한 느낌을 준다. 1, 3, 5, 7, 9와 같은 홀수가 날카롭고 강한 느낌을 준다. 숫자가 들어간 유명한 말들을 떠올려보자. '7대 불가사의', '7가지 도구', '3개의

화살', '독수리 5형제' 등 홀수가 압도적으로 많다.

숫자로 제시하기 조리법은 다음과 같다.


① 전달하고 싶은 말을 정한다.

② 적합한 숫자로 바꾼다.


정말 간단하지 않은가. 이제 '커다란 다코야키'를 '숫자로 제시하기' 조리법으로 바꿔 써보자.


① 전달하고 싶은 말을 정한다.

　　→ 여기서는 '커다란'으로 하자.

② 적합한 숫자로 바꾼다.

　　→ '커다란'을 '300% 커다란'으로 바꿔보자.


이 밖에도 적합한 숫자를 생각해보면 300%, 3배, 300g 등이 있다. 무엇이든 상관이 없다. 나는 숫자를 사용할 때는 한자 '三'보다 아라비아 숫자 '3'을 즐겨 사용한다. 순간적으로 머릿속에 쏙 들어가기 때문이다.

숫자를 넣어서 표현한 문장이 역시 강한 인상을 준다. 그러면 실천 사례를 통해 '숫자로 제시하기'를 몸에 익혀보자.

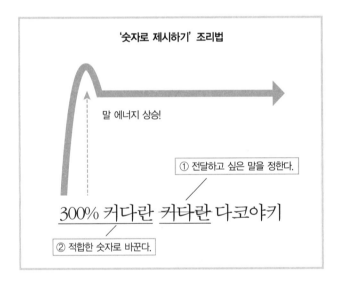

## 1%의 영감과 99%의 노력으로 이루어지는 전달의 기술

발명왕 에디슨은 '노력이 매우 중요하다'고 말했다. 그의 대표적인 명언은 바로 이것이다.

'천재는 적은 영감과 많은 노력으로 이루어진다.'

이 말은 이미 정반대의 말을 넣는 '갭 만들기' 기술로 이루어져 강한 느낌을 준다. 그런데 실제로는 더욱 강한 말로 표현했다.

'천재는 1%의 영감과 99%의 노력으로 이루어진다.'

에디슨도 '숫자로 제시하기' 조리법을 활용해서 말했던 것이다. 두 문장을 한번 훑어보았을 때의 느낌을 비교해보자. 머리에 쏙 들어오는 것은? 두말할 필요 없다. 숫자로 표현한 문장이 이해 속도가 빠르다. 그뿐 아니다. 설득력도 강해진다. 에디슨은 이처럼 '갭 만들기'와 '숫자로 제시하기' 기술을 함께 사용해서 세계적으로 유명한 명언을 만들어냈다.

기억해둬야 할 것은 실제 '영감이 1%'라는 데이터가 있는 것이 아니며, 단지 적다는 뜻으로 한 말이라는 점이다. 숫자로 단정해놓았기에 강한 인상을 주는 것이다. 숫자로 딱 잘라 말하는 것이 이 조리법의 핵심이다.

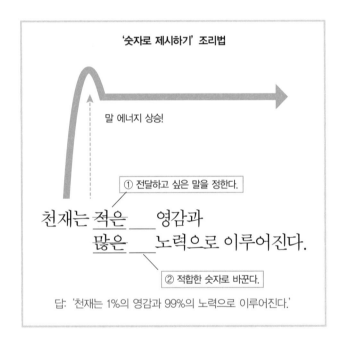

**'숫자로 제시하기' 조리법**

말 에너지 상승!

① 전달하고 싶은 말을 정한다.

천재는 적은＿＿영감과
많은＿＿노력으로 이루어진다.

② 적합한 숫자로 바꾼다.

답: '천재는 1%의 영감과 99%의 노력으로 이루어진다.'

95%의 사람이 모르는,
숫자로 설득력을 향상시키는 기술.
'숫자로 제시하기'!

**히트상품이나 유행하는 현상의 이름을 손쉽게 만드는 기술**

'조합하기' 조리법을 한마디로 표현하면? 바로 '유행어 제
조기'다. 새롭게 일어난 현상들의 이름을 유심히 들여다
보면, 대부분이 두 단어의 조합으로 이루어져 있음을 알
수 있다. 이 세상에 나타난 새로운 것들은 대부분이 '두 가
지 사물의 조합'으로 생겨난다. 이 사실을 머릿속에 집어
넣고, 다음 표현들을 살펴보자.

**요괴워치**

일본에서 일대 붐을 일으킨 게임이다. 손목시계인 '요괴
워치'를 차지한 주인공이 불가사의한 힘을 얻으면서 이
야기가 시작된다. '요괴'와 '워치'는 흔히 볼 수 있는 평
범한 말이다. 그런데 지금까지 만난 적이 없는 이 두 단어
가 합쳐지면서 전혀 새로운 세계관이 생겨났다.

## 칼피스워터

예전에는 칼피스 원액에 물을 타서 마셨는데, 이제 그런 사람은 거의 없을 것이다. 아예 '칼피스'에 '워터'를 섞은 '칼피스워터'가 출시됐으니 말이다. 이 상품은 시장에 나오자마자 날개 돋친 듯 팔려나갔다.

## 쿨비즈

여름에도 쾌적하게 지낼 수 있는 복장을 가리키는 단어다. 이 말은 의도적으로 만들어졌는데, 시원함과 멋짐을 나타내는 '쿨'과 비즈니스를 뜻하는 '비즈'를 조합했다. 기업문화에서 가벼운 복장은 실례라는 개념을 허물고 정착시킨 의미 있는 말이다.

## 가베동

벽을 의미하는 '가베'와 단단한 것을 칠 때 나는 소리인 '동'을 합쳐 남성이 여성을 벽 쪽으로 밀어붙이고 벽을 손으로 '탁' 치며 고백하는 행위를 가리키는 말이다. 남성이 가베동을 하면 여성은 가슴이 철렁 내려앉는다고 한다. 만약에 '벽을 탁 치는 행위'라고 정직하게 이름을 붙였다면, 이렇게 사회적 현상이 될 정도로 유행하지는 않았을 것이다.

**아이점장**

토요타자동차의 광고 시리즈에 등장한 캐릭터다. 토요타자동차 한 매장의 어린이 점장이 감세, 보조금 등을 어린 아이다운 표현으로 설명해 크게 인기를 끌었다. '아이점장'은 절묘한 이름 짓기의 표본이라 할 수 있으며, 들여다보면 정반대의 말을 합친 '갭 만들기'와 '조합하기' 기술로 이루어져 있음을 알 수 있다.

지금까지 살펴본 말들은 전부 두 개의 단어로 되어 있다. 그런데 조합하기 전의 각 단어는 모두 평범한 말들이다.

▨ '요괴'와 '워치' : 평범한 말 → '요괴워치' : 유행어

▨ '아이'와 '점장' : 평범한 말 → '아이점장' : 유행어

이 사실만 알면 멋지게 이름을 지을 수 있다. 유행어를 만들어내고 싶을 때나 적당한 이름이 생각나지 않을 때 이 '조합하기' 기술은 매우 유용하다.

이제 '조합하기' 조리법을 익혀보자.


① 핵심 표현을 정한다.

② 부핵심 표현의 대체어를 다양하게 생각한다.

③ 조합한다.


이와 같이 3단계로 이루어져 있다. 그럼 '커다란 다코야키'를 '조합하기 조리법'으로 표현해보자.


① 핵심 표현을 정한다.

　　→ 여기서는 상품이 다코야키이므로 '다코야키'를
　　　핵심 표현으로 정한다.

② 부핵심 표현의 대체어를 다양하게 생각한다.

　　→ 부핵심 표현 '커다란'을 대신할 수 있는 표현을
　　　다양하게 생각해본다.

'거대한', '큰 입', '야구공', '중량급', '남자의'

③ 조합한다.

→ 하나하나 조합해본다.

'거대한 다코야키', '큰 입 다코야키', '야구공 다코야키', '중량급 다코야키', '남자의 다코야키'

이렇게 시도해보니 '야구공 다코야키' 와 '중량급 다코야키' 가 지금까지 만난 적이 없는 새로운 조합이며 강한 느낌을 준다는 것을 알 수 있다. 이처럼 서로 만난 적이 없는 단어끼리 묶는 것이 하나의 요령이다.

▨ Before '커다란 다코야키'

▨ After '야구공 다코야키'

다코야키 가게 앞에 '야구공 다코야키' 라는 간판이 세워져 있으면, 지나가는 사람은 누구라도 가게 안을 들여다보고 싶어지지 않을까. '조합하기' 조리법은 '신상품의 이름을 정할 때' 나 '유행시키고 싶은 현상에 이름을 붙일

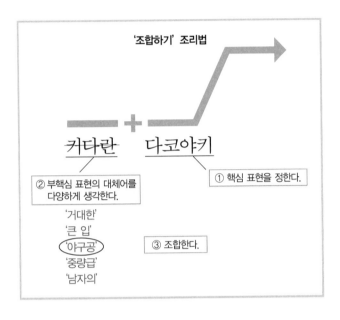

'조합하기' 조리법

커다란 + 다코야키

② 부핵심 표현의 대체어를
　다양하게 생각한다.

'거대한'
'큰 입'
'야구공'
'중량급'
'남자의'

① 핵심 표현을 정한다.

③ 조합한다.

때' 효과적으로 써먹을 수 있다. 이 조리법을 모르면 엄두도 낼 수 없던 일을 이제 당신도 할 수 있게 된다. 일단 만들어보고 마음에 와 닿지 않으면, 부핵심 표현을 좀 더 다양하게 생각해본다. 그렇게 여러 차례 시도해보면 딱 들어맞는 말을 만날 수 있을 것이다.

'조합하기' 기술을 실천 사례를 통해 경험해보자.

## 사회적인 현상을 일으킨,
## '연애에 소극적인 남자'를 표현한 전달의 기술

예전에는 이성 교제를 할 때 남성이 먼저 고백을 하거나 쫓아다니는 것이 일반적이었다. 그런데 일본 경제가 활기를 잃은 무렵부터 연애에 적극적이지 않은 남성들이 눈에 띄게 늘어났다. 이런 남성들을 '소극적인 남자', '연애 젬병' 등과 같이 불렀다. 그러다가 어느 날 갑자기 이런 현상이 사회적인 현상으로 자리 잡게 되었다. 바로 '조합하기' 기술로 이루어진 한마디 표현 때문이었다.

'초식남'

절묘한 이름 짓기다. 이 이름을 만든 사람은 시대를 읽는 능력을 타고난 언어 천재가 아닐까 하는 생각조차 든다. 하지만 천재가 아니더라도 이런 말을 만들 수 있다. 우선 남성을 가리키는 말이니 핵심 표현은 '남자'로 정한다. 그러고 나서 부핵심 표현인 '소극적인'에 해당하는 말을 찾아본다. '조심스러운', '부드러운', '초식', '소심' 등 대체할 수 있는 어휘를 하나하나 적어본다. 그

중에서 서로 만난 적이 없고 리듬감이 좋은 단어를 선택한다.

보통 사람들은 유행어의 방관자로서 살아간다. 하지만 '조합하기' 조리법을 알면 직접 그런 표현을 만들어낼 수 있다. 오늘부터 말에 관해서는 '육식남'과 '육식녀'가 되자. 적극적이 되자는 의미다.

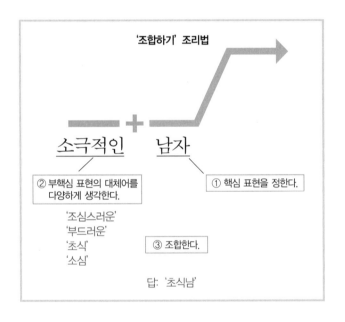

## 선뜻 입에 올리지 못했던 말을
## 거리낌 없이 할 수 있게 한 유행어 속 전달의 기술

어느 순간 일본에선 혼활(婚活)이란 말이 일반명사처럼 대중적으로 쓰이고 있다. 이는 '결혼'과 '활동'을 조합해서 만든 말이다. '취직'과 '활동'을 조합해서 만든 '취활'이 어원이다. 결혼 상대를 찾거나 결혼을 하기 위해 요리 솜씨 등을 갈고닦는 것을 의미한다.

이 말이 나오기 전까지는 '결혼 상대를 찾고 있습니다'라고 말했다. 그런데 이렇게 말하면 왠지 무거운 느낌이 들고, 오히려 데이트를 하자는 말을 꺼내기가 어려워진다. 반면 지금은 이렇게 말한다.

'혼활하고 있습니다.'

가볍고 산뜻한 느낌을 준다. '활동'을 하고 있다는 표현이 프로젝트를 진행하고 있는 듯한 느낌을 주기에 무겁지가 않다. 결혼 상대를 찾는 것은 인생의 중대사다. 이런 중압감을 해소하기 위해서 일부러 가벼운 뉘앙스를 풍기는 표현을 만든 것이다. 이 말이 등장하고 나서 결혼 상대를 찾는다는 말을 입에 담기가 쉬워졌다. 그리고 혼활 붐이 일어났다. 잡지나 웹사이트에 혼활이란 표현이 넘쳐나기 시작했다.

사회적 붐의 선두에는 반드시 말이 있다. 이제 임신을하기 위한 활동은 '임활', 아이를 보육원에 넣기 위한 활동은 '보활', 아침에 일찍 일어나서 공부나 취미 활동을하는 것을 '조활'이라고 부른다. 지금까지 만난 적이 없는 단어를 선택해야 하는 것은 두말하면 잔소리다. '활'을 활용한 조합하기 기술은 지금 당장에라도 응용해서 써먹을 수 있다. 당신도 새로운 붐을 일으키는 말을 만들어낼 수 있을 것이다.

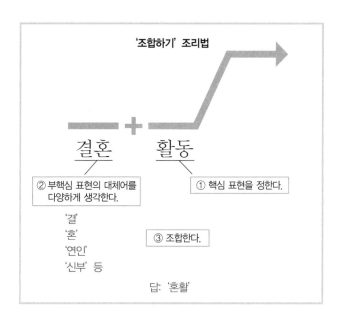

**'조합하기' 조리법**

결혼 + 활동

② 부핵심 표현의 대체어를 다양하게 생각한다.

① 핵심 표현을 정한다.

'결'
'혼'
'연인'
'신부' 등

③ 조합한다.

답: '혼활'

이른바 유행어 제조기.
사회적인 붐을 일으키는 말을 만드는 기술,
'조합하기'!

## 8  최고임을 내세우기

가게 진열대에서 가장 많이 사용되는 기술이다. 슈퍼마켓 진열대에 '판매량 No.1'이란 푯말이 달려 있으면 딱히 살 생각이 없더라도 한 번쯤 눈길을 주게 마련이다. 이처럼 다른 것에 비해 '최고'라고 표현하는 것이 '최고임을 내세우기' 기술이다.

무릇 사람은 비교하기를 좋아한다. 그리고 1등에 열광한다. 가령 일본에서 가장 높은 산은? 다 알고 있듯이 후지 산이다. 그럼, 그다음 높은 산은? 대부분의 사람이 고개를 갸우뚱할 것이다. 이처럼 1등에는 강한 흥미를 갖고 있지만 두 번째 이하에는 관심이 없다.

기린맥주에서 가장 많이 팔리는 제품이 '이치방시보리'다. '이치방(제일, 처음, 가장, 첫 번째 등의 뜻—옮긴이)'이라는 이름 덕을 톡톡히 보고 있다. 여기서 '이치방'은 사실 가장 뛰어나다는 뜻이 아니라 첫 번째 맥아즙만을 사용해서 양조한다는 의미를 담고 있다. 어찌 되었든 매장에 '이치방' 이란 글씨가 적혀 있는 상품은 강하다고 볼 수 있다.

## 과자의 홈런왕

가메야만넨도의 양과자 '나보나' 의 TV 광고에 나오는 표현이다. 당시 홈런왕이었던 오 사다하루 선수가 광고에 출연해서 외친 말이다. 이 표현은 직접적으로 '가장 맛있는 과자', '제일 잘 팔리는 과자' 라고는 말하지 않았지만, 사람들에게 그런 의미로 전달된다. 'ㅇㅇ왕' 은 '최고임을 내세우기' 기술에 사용하기 편리한 표현이다.

## 톱

오래전부터 애용되는 일본의 세제 브랜드 중 하나다. 매장에서 어떤 세제를 살까 고민할 때 사용해보고 결정할 수는 없다. 그래서 빨래가 '가장' 잘 될 것으로 느껴질만한 이름을 지었고, 그 전략이 먹혔다고 할 수 있다.

## 지역 No.1

전기제품 매장 등의 전단에 적혀 있는 말이다. 이 표현에서는 배울 점이 많다. '일본 제일'이니 '어느 곳보다 최고'니 하는 말은 여간해선 하기 힘들다. 신빙성에 문제가 생길 수 있기 때문이다. 그런 경우에 범위를 한정해서 No.1이라고 말하면 된다. 그것만으로도 충분히 강한 말이 된다.

## 점장 추천 No.1

'지역 No.1'이라고도 말할 수 없다면, '점장 추천 No.1'이라고 하는 방법도 있다. 이런 표현이라면 어떤 가게에서도 사용할 수 있다. 매장 안에서 사람의 마음을 움직일 수 있는 말 중 하나다. 이 표현은 정말 점장이 가장 추천하는 상품에 사용해도 되고, 아니면 판매하고 싶은 상품에 달아놓아도 된다.

## 판매량 No.1

맥주든 발포주든 광고에서 줄기차게 이 말을 하는 데는 다 이유가 있다. 최고라면 그 이유만으로도 팔리기 때문이다. 다만, 법률상 가장 많이 판매되는 상품이 아닌 것에 '판매량 No.1'이라고 표시할 수는 없다. 그래서 회사마다 이 표시를 사용하기 위해 매일매일 노력하고 있다.

이처럼 상품 중 최고의 자리에 있다는 느낌을 전달해주면 사람의 마음은 움직이게 마련이다. '최고임을 내세우기' 기술에는 두 가지 방법이 있다.

첫째, 실제로 최고임을 내세우는 것이다. '지역 No.1', '점장 추천 No.1'과 같이 실제 어딘가에서 최고의 상품이라는 사실을 전달하는 방법이다. 그 상품이 최고가 되는 범위를 적절하게 한정하는 것이 요령이다. 예를 들면 다음과 같다.

> ▨ 세계 제일 〉 동양 제일 〉 일본 제일 〉 도에서 제일 〉 시에서 제일 〉 지역에서 제일 〉 당신 개인적으로 제일

반드시 이 중 어딘가에는 해당하게 마련이다. 말할 수 있는 범위 중에서 가능한 한 넓은 범위를 선택해서 표현하자.

둘째, 뉘앙스로 최고임을 내세우는 것이다. '이치방시보리'나 '과자의 홈런왕'과 같이 최고라고 느껴지도록 표현하는 방법이다. 가장 많이 팔리고 있지 않은데 '가장 많이 팔린다'고 말할 수는 없지만, 뉘앙스로 그렇게 표현할수는 있다. '최고임을 내세우기' 조리법은 다음과 같다.

① 전달하고 싶은 말을 정한다.
② 최고임을 내세우는 말을 앞에 넣는다.

최고라고 말할 수 있는 범위를 가능한 한 넓게 잡는 것이 요령이다. 범위가 넓으면 넓을수록 말이 강해진다. '커다란 다코야키'를 '최고임을 내세우기' 조리법으로 바꿔 써보자.

① 전달하고 싶은 말을 정한다.
   → 여기서는 '커다란'으로 정한다.
② 최고임을 내세우는 말을 앞에 넣는다.
   → '일본 제일'이나 '도내 제일'이라고 말하기가 꺼려
   진다면, '하라주쿠에서 제일'이라고 표현해보자.

■ **Before** '커다란 다코야키'

■ **After** '하라주쿠에서 제일 커다란 다코야키'

하라주쿠를 어슬렁거리다가 '하라주쿠에서 제일'이란 간판을 보면, '한번 들어가 볼까' 하는 생각이 들지 않을까. 그러면 실천 사례를 통해 '최고임을 내세우기'를 몸에 익히자.

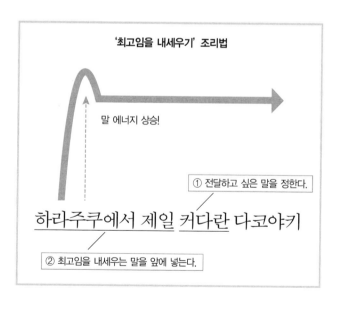

## 계속 높은 시청률을 유지하고 있는 방송 타이틀 속 전달의 기술

〈세계에서 가장 받고 싶은 수업〉은 높은 시청률을 유지하는 니혼TV의 인기 방송이다. 이 방송에는 각 분야의 전문가들이 등장한다. 재미있고 알아두면 득이 되는 정보가 가득해서 나도 즐겨 본다. 이 방송을 한마디로 표현하자면 '매우 받고 싶은 수업'이라고 할 수 있다. 그런데 이런 제목이었다면 이렇게까지 높은 시청률을 10년이나 유지할 수 있었을까?

'세계에서 가장 받고 싶은 수업'이란 제목이 역시 강한 느낌을 준다. '최고임을 내세우기' 기술을 사용해서 제목을 지은 것이다. 노벨상 수상자 또는 일본이나 세계에서 주목받는 강사가 강연을 하는, 그야말로 '세계 제일의 수업'이라고 말해도 지나치지 않는 콘텐츠가 인기의 요인인 것은 물론이다. 그렇지만 제목이 '세계에서 가장 받고 싶은 수업'이기에 TV 편성표에서도 눈에 확 띄고 사람들 입에 오르내리는 것이다.

방송을 만드는 사람들도 세계 제일의 방송이란 생각을

갖고 만들기 때문에 한층 더 질이 높아지고 시청률이 올라가는 선순환이 일어나는 것 아닐까.

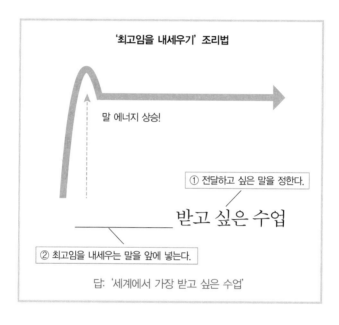

가게 진열대에서 가장 많이 사용되는,
구매욕을 불러일으키는 기술.
'최고임을 내세우기'!

## '강한 말'을 만드는 8가지 기술 핵심 포인트

① 눈 깜짝할 사이에 만들 수 있는 기술은 '서프라이즈 말 넣기'다.

② 다른 것은 잊어버려도 이것만은 기억해두자. 명언을 만드는 기술은 바로 '갭 만들기'다.

③ 얼굴이 화끈거릴 정도로, 아니 창피스러울 정도로 자신을 드러내는 기술은 '적나라하게 표현하기'다.

④ 기억에 새겨지게 하는 매우 간단한 기술은 '반복하기'다.

⑤ 어떤 상황에서도 이목을 집중시키는 기술은 '클라이맥스 만들기'다.

⑥ 95%의 사람이 모르는, 숫자로 설득력을 향상시키는 기술은 '숫자로 제시하기'다.

⑦ 이른바 유행어 제조기로, 사회적인 붐을 일으키는 말을 만드는 기술은 '조합하기'다.

⑧ 가게 진열대에서 가장 많이 사용되는, 구매욕을 불러일으키는 기술은 '최고임을 내세우기'다.

실황중계
2

## '강한 말'을 만드는
## 전달의 기술 강의

다시 한 번 '전달의 기술' 강의에 오신 것을 환영합니다. 지금부터는 '강한 말'을 만드는 기술을 실제로 활용해보려 하는데요. 실생활에서 그대로 사용할 수 있는 소재들로 구성되어 있습니다. 조리법대로 하면 의외로 굉장히 쉽고 간단하게 만들 수 있어요.

첫 번째 과제는 다음과 같습니다.

생일을 맞은 친구에게 축하 메시지를 보냅니다. 강한 인상을 줄 수 있는 표현으로 만들어보세요.

친구나 직장 동료들에게 생일 축하 메시지를 보내는 일이 종종 있죠. 일에 쫓기며 바쁘게 살다 보니 뚝딱 써서 보낼 수도 있겠지만, 그래도 상대의 마음에 닿는 메시지를 보내고 싶은 게 인지상정입니다. 지금부터 '반복하기' 기술

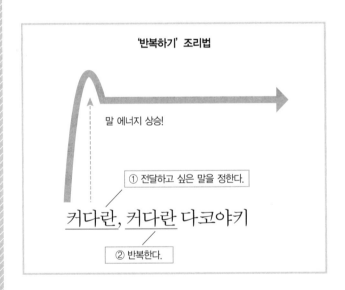

'반복하기' 조리법

말 에너지 상승!

① 전달하고 싶은 말을 정한다.

커다란, 커다란 다코야키

② 반복한다.

을 활용해서 축하 메시지를 만들어보세요.

그럼 발표를 해볼까요? 이노우에 씨부터 하시겠어요?

**이노우에** 네. 단순하게 ❶과 같이 만들어보았습니다. 이런 식으로 만들어도 될까요?

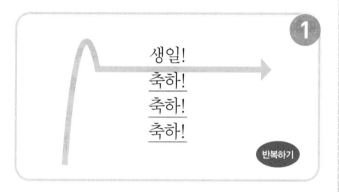

물론이죠! 되고 말고요! 이것이야말로 '반복하기' 기술입니다. 단순하지만 매우 강한 느낌을 줍니다. "생일 축하!"라고 달랑 써서 보내는 것보다 "생일 축하! 축하! 축하!"라고 써서 보내는 편이 축하해주고 싶다는 마음이 더 잘 전달됩니다. 상대를 소중히 생각하는 마음도 느껴지고

요. 또 다른 분은 없나요? 마에다 씨가 발표하실래요?

**마에다** 네. 살짝 응용해서 적어보았습니다. ❷와 같은 표현도 괜찮을까요?

물론 괜찮지요! 과감하게 응용해서 표현하세요. 그런데 왜 '좋아요!'를 반복해서 쓴 건가요?

**마에다** 페이스북에서 '좋아요!' 버튼을 많이 눌러주면 좋겠다는 생각이 든 적이 있어서요.

아, 역시 기발한 생각이네요. 페이스북으로 익숙해진 '좋아요!'를 되풀이해서 일반적인 축하 메시지와는 색다른, 세련된 메시지를 만들었네요. '반복을 하면 강한 말이 된다'는 사실을 알고 있어야 만들 수 있는, 고도의 표현이네요. 이미 있는 말을 반복해서 새롭게 만들어내는 '반복하기' 기술은 간단하게 강한 말을 만드는 방법입니다. 감사합니다. 참고로 저는 ❸과 같이 만들어보았습니다.

반복해서 표현하면 진심으로 축하해주고 싶다는 마음을 전달할 수 있습니다. '축하해요'를 연속적으로 반복해서 표현해도 되고, 저처럼 사이에 다른 표현을 넣고 반복해

도 됩니다. 이처럼 매일매일 바쁘게 살아가는 와중에 시간을 쪼개어 소중한 사람에게 축하 메시지를 보내고 싶을 때는 이 '반복하기' 기술이 유용합니다.

이 과제의 포인트는 다음과 같습니다.

'반복해서 표현하면 기억에 새겨지게 하고 감정을 실을 수 있다.'

생일 축하 메시지는 일 년에 몇 번이고 쓰게 마련입니다. 생일을 축하해주고 싶은 마음은 가득한데 그저 '생일을 축하합니다!'라고 천편일률적인 메시지를 보내면 상대의 기억에도 남지 않습니다. 잠깐 틈을 내서 쓰더라도 '반복하기' 조리법을 활용해서 메시지를 보내보세요. 그러면 당신의 메시지가 상대의 마음에 한결 깊이 남을 것입니다.

그러면 다음 과제를 진행해볼까요?

## 과제 2: 자신의 일을 인상적으로 소개하기
------------------------------------
자신이 하는 일을 소개하는 것입니다. 사람들에게 당신이 실제로 하는 일을 인상적으로 전달해보세요.

이번 과제는 신입사원에게 일에 대해 설명해줄 때, 아니면 가족에게 자신이 하는 일을 얘기해줄 때 활용할 수 있습니다. '모두의 행복'이란 말과 대립되는 듯한 '현장에서 땀을 흘리는 느낌을 주는 표현'을 앞에 넣어보세요.

모든 일에는 양면이 있는 법입니다. 빵가게에서 일하고 있다면 매일 '밀가루를 반죽한다'라고도 말할 수 있지만, '모두의 행복을 만든다'라고도 할 수 있습니다. 자동차회사에서 일하는 경우라면 '자동차를 만든다'라고도 말할 수 있지만, '모두의 행복을 만든다'라고도 할 수 있는 거죠.

그럼 지금부터 자신이 하는 일을 소재로 삼아 '갭 만들기' 기술을 활용해 말을 만들어보세요. 자, 발표를 해보죠. 기시타 씨가 하시겠습니까?

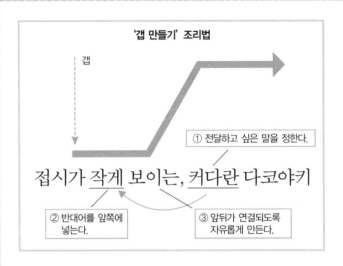

'갭 만들기' 조리법

갭

① 전달하고 싶은 말을 정한다.

접시가 <u>작게</u> 보이는, <u>커다란</u> 다코야키

② 반대어를 앞쪽에 넣는다.

③ 앞뒤가 연결되도록 자유롭게 만든다.

**기시타** 네. 저는 정밀부품회사에 다니고 있는데, ❹와 같이 표현해보았습니다.

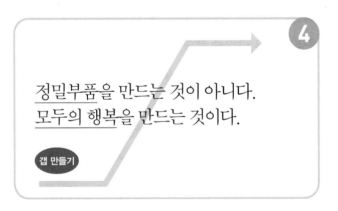

❹

<u>정밀부품</u>을 만드는 것이 아니다. <u>모두의 행복</u>을 만드는 것이다.

갭 만들기

감사합니다. 정밀부품이라면 예를 들어서 어떤 것이죠?

**기시타**  시계 나사나 볼트 등입니다.

아, 그렇군요. 그러면, 그대로 구체적으로 표현해주는 편이 더 강한 인상을 줄 수 있습니다. 예를 들면 이런 식으로요. ❺를 봐주세요.

나사를 만드는 것이 아니다.
모두의 행복을 만드는 것이다.

**기시타**  그렇군요. 마치 스티브 잡스가 한 말 같네요!

듣고 보니 그렇네요(웃음). 어떻게 대립되는 느낌을 줄 수 있느냐가 포인트입니다. '모두의 행복'이라는 고귀한 가치와 대립되는 위치에 놓을, '현장에서 땀을 뻘뻘 흘리는' 느낌을 주는 표현을 찾아보세요.

그럼 다른 분은 없나요? 네, 후나쓰 씨.

**후나쓰** 저는 주부로서 ❻과 같이 적어보았습니다.

밥을 짓는 것이 아니에요.
가족 모두의 행복을 만드는 거예요.

갭 만들기

와아! 좋네요. 아주 좋아요. 날이면 날마다 식사를 준비하는 주부의 고마움을 깨닫게 해주는 표현이네요. 100점 만점입니다. 이 말은 많은 주부들에게 힘을 주고 보람을 느끼게 해주겠네요. 명언입니다. 훌륭합니다. 이번 과제를 저는 이렇게 써보았습니다. **7**을 봐주세요.

> ### 말을 만드는 것이 아니다.
> ### 모두의 행복을 만드는 것이다.
>
> `갭 만들기`

저는 카피라이터이기에 제 일을 이렇게 표현해봤습니다. 왠지 이렇게 써보니 멋진 일을 하고 있는 듯한 느낌이 드네요. 어떤 일이든 가까이에서 보면 땀내가 풀풀 납니다. 하지만 한편으로는 누군가의 행복을 만들어내는 것 또한 일입니다. 당신 자신의 일에 대한 표현을 꼭 만들어두기 바랍니다. 신입사원이나 가족에게 또는 기획 프레젠테이션에서도 사용할 때가 반드시 있을 것입니다.

이 과제의 포인트는 다음과 같습니다.

'갭 만들기를 활용하면 명언이 나온다. 마음에 스며드는 말로 탈바꿈한다.'

지금까지 '갭 만들기'로 명언을 만들어보았는데, 의외로 간단하죠? 여러분도 스티브 잡스나 오바마 대통령과 같이 감동적인 말을 만들어낼 수 있습니다. '갭 만들기'는 요령만 알면 바로 만들 수 있습니다. 상당히 강력하고 수많은 명언을 만들어낸 기술이니 꼭 몸에 익혀두기를 바랍니다.

이제 마지막 강의입니다.

### 과제 3: 감사의 말을 인상적으로 전달하기

상사가 꼬치구잇집에 데리고 가서 한턱을 냈습니다. 상사에게 감사의 말을 보내고 싶습니다. '최고임을 내세우기' 기술로 꼬치구이가 맛있었다는 사실을 전달하세요.

오랜만에 상사가 꼬치구잇집에 데리고 갔습니다. '맛있

게 잘 먹었다'는 인사를 하면 상사가 흐뭇해하겠죠. '최고임을 내세우기' 기술을 활용해서 꼬치구이의 맛을 표현해보세요. 이번 과제는 일상생활에서 그대로 사용할 수 있지 않을까요? 그럼, 어떻게 표현할지 생각해보세요.

자, 발표를 해주세요. 오노 씨가 하시겠어요?

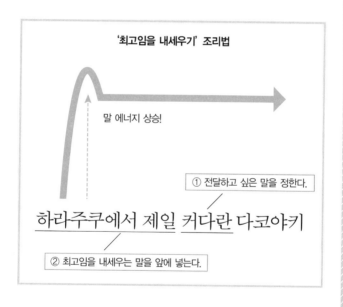

'최고임을 내세우기' 조리법

말 에너지 상승!

하라주쿠에서 제일 커다란 다코야키

① 전달하고 싶은 말을 정한다.

② 최고임을 내세우는 말을 앞에 넣는다.

**오노** 네. 과 같은 말을 해주면 기뻐할 것 같아요.

이건 정말 맛있게 먹은 것 같네요! 최연소로 금메달을 딴 일본 수영 선수 이와자키 쿄코가 한 명언과 비슷합니다. 다만 의미는 잘 전달되는데, 그냥 문득 생각나서 사준 꼬치구이이기에 다소 과장된 듯한 느낌도 드네요. 이런 식으로 표현해보면 어떨까요. ❾처럼요.

## 올해 가본 집 중에서
## 제일 맛있었습니다!

**최고임을
내세우기**

**오노** 아, 이렇게 표현하면 양심의 가책 없이 말할 수 있을 것 같네요(웃음).

이 정도로 감탄할 맛도 아니었다면 '최근에 가본 가게 중에서 제일 맛있었습니다!' 와 같이 기간을 줄여서 말하면 됩니다. 굳이 거짓말을 할 필요는 없겠죠.

**오노** 그러면 '오늘 가본 집 중에서 제일 맛있었습니다!' 라고 말해도 될까요?

그건…, 가본 집 수가 너무 적지 않을까요(웃음). 다음에는 누가 발표를 해볼까요. 네, 쓰보야 씨.

**쓰보야** 네. '가장'이란 말을 사용하지 않고 생각해보았습니다. ⑩과 같이 말입니다.

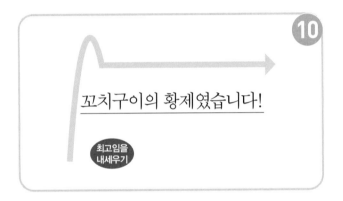

음, 과연. 강렬하네요. 저도 가보고 싶어졌습니다. '황제'라는 말은 대놓고 제일이라고 말하는 것은 아니지만, 그와 같은 느낌을 주는 강한 말입니다. 좋네요. 조금 문장을 알기 쉽게 다듬어볼까요. 이를테면 ⑪처럼 고쳐 써보면 어떨까요.

그 가게, '꼬치구이의 황제' 라고
불릴 만합니다!

**쓰보야** 확실히 다르군요. 기회 되면 상사에게 꼭 써봐야겠습니다.

상사도 반드시 기뻐할 것입니다. 이처럼 강한 말을 일상에서 쓰다 보면 기획서를 작성할 때나 프레젠테이션을 할 때도 강한 말을 사용할 수 있게 됩니다. 게임하듯 만들어보세요. 의식적으로 사용해보는 것입니다. 저는 이렇게 만들어보았습니다. ⑫를 봐주세요.

저의 미슐랭 중
별 세 개입니다.

최고임을
내세우기

**청중** "와아!"

'맛있다' 와 관계있는 말을 생각하다 보니 미슐랭 가이드가 떠올라서 활용해보았습니다. 물론 그 가게는 진짜 미슐랭 가이드의 별 3개짜리 가게가 아니기에 '저의 미슐랭' 이라고 표현한 것입니다.

이 과제의 포인트는 다음과 같습니다.

'최고임을 내세우기 기술을 사용하면 강한 인상을 주고 이목을 집중시킬 수 있다.'

'최고임을 내세우기' 말을 찾아내는 작업은 재미가 있으니 틈틈이 해보세요. 의외로 곳곳에서 사용되고 있다는 사실을 알게 될 것입니다. '최고임을 내세우기' 기술로 상품명을 지으면 그것만으로도 사람들의 이목을 집중시키기 때문에 인기 상품이 되기 쉽습니다. 또한 누구나 간단하게 응용하여 일상에서 사용할 수 있습니다. 알고 있느냐 모르고 있느냐의 차이일 뿐입니다.

# 닫혀 있던 인생의
# 문을 열자

이 책을 여기까지 읽은 당신은 전달 능력이 이미 상당한 수준에 올라와 있을 것이다. 당신이 생각하고 있는 것 이상으로 당신은 사람들과 대화를 나누거나 메일을 보낼 때, 지금까지와는 달리 강한 인상을 줄 수 있다. 요리로 말하자면, 조리법을 익히고 난 뒤 요리학교에서 실습을 여러 번 해본 상태라 볼 수 있다.

이제 마지막 작업이 남아 있다. 지금 당장 실생활에서 사용해보는 것이다. 내가 좋아하는 영화가 하나 있다. 러

셀 크로가 주연한 〈신데렐라맨〉이다. 오른손을 다쳐서 삶의 밑바닥으로 추락한, 실존했던 권투선수에 관한 이야기다. 오른손을 못 쓰게 되자 그는 어쩔 수 없이 부두에 나가 왼손만으로 하역작업을 하게 된다. 그렇게 시간이 흐른 뒤 그는 어느 날 우연한 계기로 다시 권투 시합에 나가게 되는데, 링에 올라선 순간 스스로조차 놀랄 정도로 강해져 있는 자신을 발견한다. 하역작업으로 단련된 왼손으로 강한 왼손 펀치를 내뻗을 수 있게 되었던 것이다.

자, 당신도 주먹을 내뻗자. 걱정할 필요 없다. 지금 당신은 '전달력 근육'이 붙어 있다. 나는 전달의 기술을 몸에 익히고 나서 인생이 크게 변했다. 이번에는 당신이 그것을 체험할 차례다. 모처럼 몸에 밴 근육도 사용하지 않으면 퇴화하고 만다. 일상생활에서 꾸준히 사용해야 한다. 그것이 바로 근육을 잃지 않고 더 단련해나가는 길이다.

부록으로 만들어둔 말습관을 바꾸는 '핵심 전달법' 휴대판을 잘라내서 명함첩에 넣어두고 필요할 때마다 꺼내어 보기를 바란다. 이것은 당신을 보호해주는 부적과 같다. 연애든, 일이든 절대 질 수 없는 일상의 승부에서 당신을 든든히 지켜줄 것이며 당신의 인생을 조금씩 변화시킬 것이다.

이제 헤어질 시간이 다가왔다. 하지만 괜찮다. 당신에게는 지금까지 익힌 전달의 기술이 있다. 안심하고, 닫혀 있던 인생의 문을 과감하게 열어젖히자. 이 책을 통해 엄청난 기술을 익힌 바로 당신의 손으로.

사사키 케이이치

# 인생이 바뀌는 말습관

제1판 1쇄 발행 | 2017년 2월 20일
제1판 3쇄 발행 | 2018년 4월 3일

지은이 | 사사키 케이이치
옮긴이 | 황선종
펴낸이 | 한경준
펴낸곳 | 한국경제신문 한경BP
편집주간 | 전준석
책임편집 | 이혜영
기획 | 유능한
저작권 | 백상아
홍보 | 남영란·조아라
마케팅 | 배한일·김규형
디자인 | 김홍신
본문디자인 | 디자인 현

주소 | 서울특별시 중구 청파로 463
기획출판팀 | 02-3604-553~6
영업마케팅팀 | 02-3604-595, 583 FAX | 02-3604-599
H | http://bp.hankyung.com    E | bp@hankyung.com
T | @hankbp    F | www.facebook.com/hankyungbp
등록 | 제 2-315(1967. 5. 15)

ISBN 978-89-475-4177-0    03320

# '강한 말'을 만드는 8가지 기술

**1 서프라이즈 말 넣기**

난 해적왕이 될 거야!!!!
① 전달하고 싶은 말을 정한다.
② 반대말을 오른쪽에 넣는다.
② 강조를 줄표에는 하이픈를 넣는다.

**2 겹 만들기**

최대한 금메달 아니 최소한 금메달
① 전달하고 싶은 말을 정한다.
② 앞뒤가 연결되도록 자유롭게 만든다.
③ 지나친 표현의 말을 넣는다.

**3 지나치게 표현하기**

숨이 멎을 정도로 카리스만 디그야
① 전달하고 싶은 말을 정한다.
② 몸의 반응을 상상해본다.

**4 반복하기**

모모 모모 모모
① 전달하고 싶은 말을 정한다.
② 반복한다.

**5 클라이맥스 만들기**

이 부분은 시험에 나옵니다. + 선생님의 면작...
① 무턱대고 전달하고 싶은 말 부터 하지 않는다.
② 큰 클라이맥스임을 알리는 표현을 먼저 한다.

**6 숫자로 제시하기**

101마리 수많은 달마시안
① 전달하고 싶은 말을 정한다.
② 적절한 숫자로 바꾼다.

**7 조합하기**

조합한다.
소극적인 남자
① 핵심 표현을 정한다.
② 최고급을 내세우는 말을 외에 넣는다.
③ 조합한다.
· 무색인 표현을 다양
· 대체어를 다음
· 하게 생각한다.
· 조심스러운
· 무리였던
· 조심
· 소심

**8 최고의말 내세우기**

세계에서 가장 받고 싶은 수업
① 전달하고 싶은 말을 정한다.

✂ 오리는 선

---

마음가짐을 바꾸는
**입버릇 전달법**

**핵심 전달법**

명함판

- - - - - - - - 접는 선 - - - - - - - -

## "예스"로 바꾸는 7가지 방식

① 상대가 좋아하는 것 파악하기
   그 사소한 친절은 선물뿐입니다.
   ↑ **"인기가 좋아 마지막 한 벌 남았어요."**

② 싫어하는 것을 피하도록 유도하기
   전자물에 손대지 말아주세요
   ↑ **"약품을 발라놓았으니 만지지 마세요."**

③ 선택의 자유 주기
   디저트 주문하시겠습니까?
   ↑ **"디저트는 망고 푸딩과 녹차 라테가 있는데, 어떤 걸로 하시겠습니까?"**

④ 인정받고 싶어 하는 욕망 채워주기
   청문 좀 닦아줘.
   ↑ **"당신은 키가 커서 높은 곳까지 손이 닿으니 깨끗하게 닦을 수 있잖아. 부탁 좀 할게."**

⑤ 상대를 꼭 집어 한정하기
   회식에 참석하자.
   ↑ **"이사와, 자네만은 꼭 와주었으면 좋겠어."**

⑥ 팀워크하기
   이번 모임, 간사 좀 맡아줄래?
   ↑ **"이번 모임, 나랑 같이 간사 맡아서 해볼까?"**

⑦ 감사하기
   이 책상 좀 옮겨줘.
   ↑ **"이 책상 좀 옮겨줄래? 고마워!"**